rororo

rororo

Zu diesem Buch

Als sie sich im November 1966 in der avantgardistischen Indica Gallery in London begegneten, war John Lennon sechsundzwanzig Jahre alt und schon «bekannter als Jesus». Yoko Ono, die dreiunddreißigjährige Japanerin aus der New Yorker Fluxus-Szene, hatte mit provokanten Aktionen Furore gemacht. John Lennon und Yoko Ono inszenierten ihre Beziehung als Happening und propagierten die Einheit von Kunst und Erotik. Ihre Platten waren und sind Dokumente einer gemeinsamen Suche nach «unserem Wahnsinn».

Der Autor

James Woodall, 1960 in London geboren, studierte in Oxford und arbeitete fünf Jahre als Lektor. Seit 1991 lebt er als freier Autor und Journalist. Er publizierte u. a. Bücher über den Flamenco, über Jorge Luis Borges und über brasilianische Musik.

James Woodall

John Lennon
und
Yoko Ono

Zwei Rebellen – eine Poplegende

Aus dem Englischen von
Charlotte Breuer

Rowohlt Taschenbuch Verlag

PAARE Herausgegeben von Claudia Schmölders

Einmalige Sonderausgabe Oktober 1998

Veröffentlicht im Rowohlt Taschenbuch
Verlag GmbH, Reinbek bei Hamburg,
Oktober 1998

Redaktion Bettina Schäfer
Umschlaggestaltung Notburga Stelzer
(Foto: Keystone)
Gesamtherstellung Clausen & Bosse, Leck
Printed in Germany
ISBN 3 499 22536 0

Inhalt

Andy Peebles: You really have been through a lot.
Yoko Ono: Boys and girls.
John Lennon: Through the mill.

John Lennon und Yoko Ono in
einem Interview am 6. Dezember 1980

Danksagung

Mein Dank gilt in erster Linie einem Buch: Ian MacDonalds *Revolution in the Head: The Beatles' Records and the Sixties*, die bisher beste Beatles-Analyse, die die soziokulturelle Geschichte und das Lennon-Ono-Phänomen beleuchtet. Die unentbehrliche Chronologie im Anhang war äußerst hilfreich bei der Strukturierung der ersten Hälfte des vorliegenden Buches.

Für die zweite Hälfte erwies sich der Fernseh- und Radiojournalist Elliot Mintz als besonders hilfreich. Er war einer der wenigen Freunde, die John und Yoko in den siebziger Jahren nahestanden. Als Mintz vom Mord an Lennon hörte, flog er schon wenige Stunden später nach New York, um Yoko in den folgenden Wochen Beistand zu leisten. Er erarbeitete eine detaillierte Aufstellung von Lennons Privat- und Betriebsvermögen, die es mir ermöglichte, in meinem letzten Kapitel wenigstens eine wichtige Enthüllung zu machen.

Mein Dank richtet sich ebenfalls an Sarah Miller, Gillon Aitken und Petra Eggers, die mich bei der Entstehung dieses Buches unterstützt haben; an John Dunbar, Barry Miles, Sue Miles und Geneviève Morgan aus Paris, die sich ausführlich mit mir über den November 1966 unterhalten haben; an Rutger Snow und Peter van Hofwegen vom Hilton in Amsterdam; an Ingrid Mersel in Amsterdam; an die British Council Library in Berlin; an Jeff Gitter; an meinen Bruder Andrew Woodall, der mir seine Beatles-Bibliothek zur Verfügung gestellt hat. Vor allem gilt mein Dank meiner Mutter, die so verwegen war, mir das Album *Abbey Road* zu schenken, als ich zehn Jahre alt war.

Wart ihr dabei ...?

Als Yoko Ono die ganze Welt im Dezember 1980 aufforderte, zehn Schweigeminuten für ihren ermordeten Ehemann einzulegen, wurde ich von meinem Vater darauf hingewiesen, daß sie fünfmal soviel Gedenkzeit für John forderte, wie den Gefallenen zweier Weltkriege in Großbritannien gewidmet wird. Ich konnte verstehen, daß er das Ansinnen von Johns Witwe etwas übertrieben fand.

1967 hatte Yoko Ono unter anderem in London einen Film über 365 Hintern gedreht (der als Yokos *Bottoms* bekannt wurde), und Dads rebellischer älterer Bruder Corbett, der später als BBC-Nachrichtensprecher berühmt wurde, gehörte zu denen, die ihren Hintern für dieses provokante Zelluloid-Happening entblößten.

In dem ganzen Trauerrummel um John Lennon nahm mein Vater einen sehr vernunftbetonten und zugleich altmodischen Standpunkt ein, vor allem gegenüber seinem ehemals Beatles-vernarrten ältesten Sohn. Er hätte sicherlich als erster eingeräumt, daß er einer anderen Generation angehörte. Ebenjener «Elterngeneration», die den Hedonismus der sechziger Jahre mit einer Mischung aus Distanziertheit und Verachtung betrachtete. Auf seine Kritik an Yoko Onos vielleicht verwegener Aufforderung erwiderte ich lediglich, sie hätte nur um einmal zehn Minuten gebeten, während der nationale Gedenktag sich jedes Jahr wiederholte.

Diese Meinungsverschiedenheit zwischen Vater und Sohn sagt viel aus über John Lennon, die Beatles und die Generationen, die sie einander entfremdeten. Mit dem Auftauchen der Band kündigte sich eine revolutionäre Ära an.

Bis dahin hatten nur der Rock'n' Roll und Elvis Presley für ersten frischen Wind und viel Bewegung auf den Tanzböden gesorgt. Zwar wirkte die laute, wilde amerikanische Popkultur auf dieser Seite des Atlantiks ziemlich schauerlich auf die Gemüter, aber das gute alte Britannien glaubte, ihr genug entgegensetzen zu können: es war 1945 (zusammen mit den USA!) als Sieger aus dem Krieg hervorgegangen, hatte sich zehn Jahre später in Kunst und Literatur (trotz der *Angry Young Men*) an der Weltspitze etabliert und amüsierte sich fröhlich mit den altbackenen, künstlerisch wenig anspruchsvollen Stars der Music Halls, also Schnulzensängern wie Flanders und Swann, die sich in den fünfziger Jahren immer noch großer Beliebtheit erfreuten.

Doch um 1960 begannen in Großbritannien die alten Gewißheiten von Empire, Autorität, Respekt und vor allem die Vorstellung von der festgefügten Ordnung der Klassengesellschaft als der besten aller Welten zu bröckeln; ein Prozeß, den die *Angry Young Men* wie etwa der Dramatiker John Osborne thematisierten und den die Beatles mit ihren unmöglichen Frisuren, schnellen Rhythmen und charmant-frechen Kommentaren enorm beschleunigten. Schon bald lösten der Schwung, die Lebensfreude und das Beiseitelassen von Hemmungen und steifen Umgangsformen, wie die frühen Beatles sie beispielhaft vorführten (und wie sie die Rolling Stones auf rüpelhafte Weise ins Extrem trieben), eine Dynamik aus, die das britische Establishment in Angst und Schrecken versetzte: die Jugend mit ihren schrillen Ausdrucksformen triumphierte über die Tradition, Sexualität wurde nicht mehr anständig bemäntelt, es gab überall Provokationen und Verstöße gegen das Althergebrachte, und – das war das Bedrohlichste von allem – die sozialen Klassenschranken wurden in Frage gestellt – «von unten» und in Richtung eines unbekümmerten Egalitarismus.

Keiner von denen, die es miterlebt haben, wird vergessen, daß im Jahr 1963, als die Beatles die inoffizielle Führung im

Im August 1960, zwei Monate nachdem sie den Namen *The Beatles* angenommen hatten, begann die Gruppe in Hamburg aufzutreten. Die Aufnahme stammt von Paul McCartney, auf dem Foto zu sehen sind von rechts nach links: John Lennon, Stuart Sutcliffe und George Harrison. Damals war Pete Best der Drummer der Band. Sutcliffe starb in Hamburg an einer Gehirnblutung im April 1962.

Land übernahmen (eigentlich war Harold Macmillan Premierminister), ein Kriegsminister aus der *upper class* namens John Profumo gezwungen war, aus der Regierung Ihrer Majestät zurückzutreten, nachdem er das Parlament über seine Affäre mit dem Callgirl Christine Keeler getäuscht hatte. «Sexuelle Befreiung» – und ihre unterschiedlichen Interpretationen – lag in der Luft, und das verdankte sich nicht nur den Beatles oder den Stones.

Philip Norman, einer der besseren Beatles-Biographen, schreibt dazu: «Die Zeitungen spürten, daß sie ihre Leser mit Berichten über die schlüpfrigen Abenteuer von John Profumo, Christine Keeler und der ins Wanken geratenen Regierung unter Macmillan übersättigt hatten. Es gab ein Faszinosum, das die Bevölkerung erfaßt hatte und das sich als packender denn jedes Titelbild erwies. Eine ganze Generation, ‹verwöhnt› von zwanzig Jahren Frieden und mit ausreichend Geld für ihr Vergnügen, rief das wilde Jahrzehnt aus – mit einem einzigen, markerschütternden Schrei nach John, Paul, George und Ringo.»

Aber auch im kritischen Establishment grassierte einige Jahre lang das Beatles-Fieber. Schließlich brachte die Band dem Land eine Menge Geld und internationale Popularität ein. Die größte Ehre erwiesen diese Kreise den vier Pilzköpfen 1965, als die Queen ihnen auf Anraten von Premierminister Harold Wilson den MBE-Orden verlieh. Aus Protest gaben einige irritierte alte Militärs ihre Orden zurück. Ein Jahr später hatten sich die Beatles völlig verändert: Sie gingen nicht mehr auf Tournee, ließen sich die Haare noch länger wachsen, experimentierten im Studio mit seltsamen Klängen und – das galt zumindest für John – mit ebenso seltsamen Drogen.

Kurz danach hatte John seinen ersten Publicity-Fehler begangen: «Wir sind jetzt populärer als Jesus», hatte er im März 1966 wörtlich verkündet. «Ich weiß nicht, was zuerst verschwinden wird – der Rock'n' Roll oder das Christentum.

Die Beatles (v. r. n. l.: Ringo Starr, John Lennon, George Harrison, Paul McCartney) wurden 1965 im Buckingham-Palast von der englischen Königin mit dem MBE-Orden ausgezeichnet. Einige pensionierte Militärs gaben deshalb unter Protest ihre Orden zurück. John Lennon, wenn auch aus ganz anderen Beweggründen, folgte ihrem Beispiel Ende 1969, als er *seine* Auszeichnung an die Queen zurücksandte – was ihm viele seiner traditionsbewußteren Bewunderer nicht vergaben.

Jesus war in Ordnung, aber seine Jünger waren dickköpfig und mittelmäßig. Sie verdrehen alles und ruinieren es für mich.»

Wegen dieses Kommentars bekamen die Beatles zum erstenmal einen Geschmack davon, was es heißt, den Volkszorn auf sich zu ziehen; und der hagelte aus den USA auf sie ein, ihrem lukrativsten Markt. Obwohl John sich in Amerika öffentlich entschuldigte, betrachten manche diese Episode als den Anfang vom Ende der Beatles, zumindest für John.

Gleichzeitig war John Lennon zweifellos schon damals auf der Suche nach einer Möglichkeit, nicht länger «ein Beatle zu sein» – was nicht unbedingt bedeutete, daß er sich von der Band trennen wollte, denn die anderen drei waren ihm immer noch so etwas wie eine Lebensader. Doch das inzwischen durchgesetzte Pilzkopf-Image langweilte ihn zusehends. Seine unglaubliche Rastlosigkeit trieb ihn immer wieder zu Gegenpositionen; der Widerspruchsgeist lag offenbar in seiner Natur, wie Verwandte und frühe Freunde bestätigten. Sein Jesus-Kommentar hatte den unüberhörbaren Beweis dafür geliefert, daß die Beatles einen Unruhestifter in ihrer Mitte hatten, was Johns drei Kollegen und die meisten Leute aus der näheren Umgebung der Beatles seit vielen Jahren wußten. Für alle, die davon nichts geahnt hatten (Beatles-Fans in der ganzen Welt), war Johns Verwandlung nach 1966 ein äußerst verwirrendes Spektakel in jener Zeit der Aufbrüche und Veränderungen.

In den letzten Jahren ist das Interesse an den Beatles wieder aufgeblüht. Dokumentarfilme, Zeitschriftenartikel, CDs mit alten Studioaufnahmen, 1995 eine neue Single («Free as a Bird» mit Johns geisterhafter Stimme von einer Kassette aus dem Jahr 1977), dann 1996 eine weitere Single («Real Love», ebenfalls basierend auf einer Probeaufnahme von John) und buchstäblich Hunderte von Büchern könnten zu der Annahme verleiten, die Beatles seien die aktuellste zeitgenössische Pop-Gruppe Großbritanniens – oder auch der westlichen Welt.

In gewissem Sinne sind sie das auch tatsächlich. Seit ihren besten Zeiten hat es ihresgleichen – geistreiche, gutaussehende und sowohl künstlerisch als auch musikalisch innovative Popstars – kaum mehr gegeben. Ian MacDonald, Autor eines der besten Bücher über die Beatles (*Revolution in the Head*, 1994), wird bei der Erinnerung an diese Zeit regelrecht überschwenglich:

> Keiner, der das Pech hatte, 1966/67 zu jung oder zu alt zu sein, wird jemals nachvollziehen können, wie aufregend die Popkultur in jenen Jahren war. Alles war von einem freudigen Optimismus durchdrungen, und alles schien möglich. Auf ihrem Höhepunkt waren die Beatles das beherrschende Element der britischen Jugendkultur, zu der Musik, Dichtung, Mode und Film gehörten. Sie wurden als Schöpfer eines neuen Zeitalters bewundert, in dem die überkommenen Traditionen der älteren Generation durch die kreative Energie der klassenlosen Jugend belebt und erneuert werden würden.

Die Beatles gingen in der heißen Zeit von 1966 bis 1967 mit einigem Selbstbewußtsein daran, das Alte hinter sich zu lassen und zu neuen Ufern aufzubrechen. Paul, George und Ringo erfreuten sich einer Unbekümmertheit und künstlerischen Souveränität, aber auch Aufgeschlossenheit, die bei ihren Musikerkollegen aus derselben Generation meist mit größerer Abschottung gegenüber Einflüssen einherging. Paul McCartney war mit seinen gerade vierundzwanzig Jahren allen möglichen kulturellen Impulsen gegenüber sehr aufgeschlossen, was die erstaunlichen musikalischen Fortschritte, die die Beatles in den darauffolgenden drei Jahren machten, zum Teil erklärt.

John Lennon war schwieriger. Er war weniger zufrieden mit sich und seinem Tun, stärker verunsichert und immer auf der Suche nach Veränderung. Daß er sich Ende 1966 mit einer exzentrischen japanischen Künstlerin zusammentat, entsprach diesem inneren Bedürfnis nach Veränderung, das bis heute das Bild der späten sechziger Jahre bestimmt. Schon bald nach dem Wunder von *Sgt. Pepper's Lonely Hearts Club Band* (das Album kam am 1. Juni 1967 heraus) wurden «John und Yoko» zu einem ebenso bekannten und vieldiskutierten Phänomen wie die Beatles selbst.

Für Yoko Ono war es eine schwierige Zeit. Von 1968 an wurde sie zu einer der bekanntesten und vom breiten Publikum abgelehntesten Frauen in der westlichen Welt. Eine Außenseiterin, Asiatin, Aktionskünstlerin war in der Mitte der Beatles gelandet und offenbar dabei, einen von ihnen an sich zu reißen. Ein Teil der gegen sie gerichteten Emotionen wurde auf Linda Eastman übertragen, als Paul McCartney die amerikanische Fotografin im März 1969 heiratete und damit die weiblichen Fans um den letzten Junggesellen der Band brachte. Gleichzeitig entwickelte sich die kaum verhüllte Verachtung, mit der das Publikum Johns Verbindung mit Yoko strafte, zu einer Art nationalem Zeitvertreib, vor allem, als das Paar im Oktober 1968 wegen Drogenmißbrauchs verhaftet wurde, und dann endgültig, als die Beatles sich 1970 trennten.

Yoko wurde von Anfang an mit Mißtrauen beäugt. Wer war sie? Eine Hexe, so lautete eine Klatschgeschichte, die heimlich Johns abgeschnittene Fingernägel einsammelte, um ihn mit Hilfe dieser Schnipsel zu verhexen. Oder eine emporgekommene Avantgarde-Künstlerin aus New York, die mehr Mißerfolge als Erfolge zu verbuchen hatte und nun in Swinging London eingefallen war, um einen Nationalschatz zu rauben. Oder eine schlitzäugige alte Vettel mit Hängebusen, die kein Englisch sprach und erst recht nicht singen konnte und die, wenn sie überhaupt den Mund aufmachte, irgendwelchen Hippie-Schwachsinn von sich gab. Was in aller Welt war bloß in John gefahren?

Doch trotz aller Feindseligkeiten und rassistischen Schmähungen (von seiten der Medien und auch von den drei anderen Beatles) hatte Yoko sich bis zum Ende des Jahrzehnts in England etabliert. John hatte sie geheiratet, und mit ihr zusammen hatte er sich zu einem aggressiven Wortführer der jungen Gegenkultur entwickelt, dem zunehmend böse Kommentare über aktuelle Ereignisse über die Lippen gingen. Er war genau an dem Punkt angekommen, der ihm am meisten entsprach: beim Widerspruch gegen das Establishment.

Genau zu diesem Zeitpunkt mochte der Traum von den Beatles bereits ausgeträumt sein, auch wenn noch gemeinsame Alben folgten. Mit John Lennons bestem Soloalbum *Imagine,* das 1971 herauskam, war dann jedoch der Bruch vollzogen, die Trennung besiegelt. Es enthält ein paar wunderbare Stücke, und ich war damals nicht der einzige, der sich einer gewissen Trauer darüber nicht erwehren konnte, daß *Imagine* nicht von den vier Beatles stammte.

Der Mord an John Lennon in New York, neun Jahre später, schockierte mich zutiefst, und er schockierte zugleich die ganze Welt.

Wie wir heute wissen, war John Lennon mehr als ein Popsänger. Gerade *weil* er ein Popsänger war, hat er mit seiner Musik, seinem außergewöhnlichen Genie und seinem Wagemut das Leben von Millionen bereichert.

«John, deiner Phantasie verdanken wir alles. Du hast vor all den Jahren unser Lächeln und unsere Tränen beherrscht», schrieb eine, die sich «Jacaranda» nannte, kürzlich an die Wand des EMI-Studios in der Abbey Road in Nord-London, in dessen Nähe sich bis vor kurzem der wahrscheinlich berühmteste Zebrastreifen der Welt befand. (Jeder Beatles-Fan weiß natürlich, daß «Jacaranda» der Name eines Cafés in

Liverpool war, wo die Band noch 1960 unter dem Namen «Silver Beatles» auftrat.) Solche Graffiti drücken häufig das aus, was Millionen Menschen sich entweder nicht trauen oder sich nicht die Mühe machen auszusprechen, aber dennoch empfinden.

Als John Lennon starb, verkörperten er und seine drei Freunde immer noch einen einzigartigen und lebendigen Zeitgeist. Die Vorstellung, daß die Beatles vielleicht ein Comeback feiern würden, gehörte mit Sicherheit zu den kollektiven Wunschträumen vieler Menschen auf der ganzen Welt. In den frühen Morgenstunden des 9. Dezember 1980 (MEZ), als Yoko Ono sichtlich von Trauer überwältigt vor die Kameras trat, war dieser Traum endgültig ausgeträumt.

Wie keine andere Band sind die Beatles nicht nur bis in die letzten Ecken des Globus vorgedrungen, sondern waren auch zur Verkörperung des Lebensgefühls einer bestimmten Epoche geworden. Vielleicht war es mehr noch als Johns Tod das Dahinscheiden dieses Lebensgefühls, das an jenem kühlen Morgen 1980 überall auf der Welt öffentlich und im stillen betrauert wurde.

Vor dreißig Jahren

Das Jahrzehnt, das die ganze Beatles-Schwärmerei auf den Boden der Tatsachen zurückholt, sind die siebziger Jahre: das Erwachen nach der Euphorie.

Die Pop-Rock-Szene entwickelte sich in Richtungen, die stark von den gewagten musikalischen Ideen der Beatles beeinflußt waren – Led Zeppelin und Pink Floyd waren die einflußreichsten Kräfte in den frühen siebziger Jahren –, die jedoch nichts mehr mit der ansprechenden äußeren Erscheinung ihrer Vorgänger zu tun hatten. Gute Rockmusik wurde wesentlich härter, weniger aufgeschlossen und kultischer als in den Sechzigern, während schlechter Pop, der deutlich an die Vorbilder anklang, sich ebenso deutlich durch Ideenlosigkeit und musikalische Simplizität auszeichnete – wie zum Beispiel bei den Bay City Rollers, den Osmonds oder bei David Cassidy.

Etwa sieben Jahre, nachdem die Beatles sich getrennt hatten, kam schließlich der Punkrock auf und zerschlug das Erbe der Sechziger, und erst seit etwa fünf Jahren ist es wieder aktuell geworden, noch einmal rückblickend zu betrachten, was an den Beatles und ihrer Zeit wirklich gut war: die hohe Qualität und große Originalität ihrer Musik.

John Lennons schwierigste Zeit als Ex-Beatle war sein Überlebenskampf in der neuen Ära: in der Zeit als erklärter «Nicht-mehr-Beatle» war er tatsächlich so etwas wie ein Punk, bevor dieser Begriff existierte. Er wollte vor allem er selbst sein und diese Zeit mit seiner Frau teilen, die ihn wahrscheinlich mehr als sonst irgend jemand davor bewahrt hat, sich selbst zugrunde zu richten.

Auf dem Höhepunkt des Beatlesfiebers blieb Cynthia Lennon, Johns erste Ehefrau, anders als hier meist hinter den Kulissen. Sie waren sich 1957 in Liverpool begegnet und heirateten 1962, kurz bevor die allererste Beatles-Single erschien: «Love Me Do».

Einige von Johns Stücken aus dieser Übergangszeit lassen vermuten, daß er bereits 1964 angefangen hatte, kein Beatle mehr zu sein. Die Begegnung mit Yoko zwei Jahre später, als seine erste Ehe mit Cynthia nur noch auf dem Papier existierte, eröffnete ihm die Möglichkeit, sich mit einer Person zu verbinden, die nicht das geringste mit den Beatles zu tun hatte. Yoko, die ursprünglich gleichermaßen als Frau wie als Idee in Johns Leben trat, konnte verhindern, daß er zu dem wurde, was er viel später einmal, als er über seine Zeit als Superstar sprach, «Elvis-Beatle» nannte.

Es ist tatsächlich anzunehmen, daß John Lennon, der bedenkenlos Drogen konsumierte und von der Idee der Bewußtseinserweiterung fasziniert war, ohne Yoko Ono auf dieselbe Weise geendet wäre wie Jimi Hendrix, Janis Joplin, Jim Morrison oder auch wie Elvis. Genauso wie zahllose junge Leute in dieser Zeit endeten, die den rauschhaften Lebensstil ihrer Idole nachahmten. Daß John überlebte, zeugt sowohl von seiner außergewöhnlichen Willenskraft als auch von der großen Bedeutung, die diese völlig unorthodoxe Partnerschaft für ihn darstellte.

Mitten in einer Welle von «Neo-Beatlemania» kann man sich fragen, ob ein weiteres Buch, das sich mit den Beatles befaßt, und sei es nur am Rande, wirklich nötig ist. Aber dieses Buch erzählt vor allem die Geschichte einer Ehe, nicht die Geschichte der Beatles. Hier kommen nur dreieinhalb Jahre der Beatles-Story vor, und zwar die Zeit von November 1966, als John und Yoko sich kennenlernten, bis April 1970, als Paul McCartney seine Trennung von der Band bekanntgab.

Die Zeit kurz nach dem Erscheinen von *Sgt. Pepper* allerdings ist immer noch umstritten. Ich habe es absichtlich vermieden, mich genauer mit dem Besuch bei Maharishi Mahesh Yogi, der unerquicklichen Episode im Himalaya und den chaotischen Zuständen bei der Beatles-eigenen Schallplattenfirma Apple zu befassen. Auch auf die anderen Beatles, ihre zahllosen Anhänger und die bittere Managementkrise, die die Band 1969 entzweite, bin ich nicht näher eingegangen, es sei denn, hier ergaben sich direkte Überschneidungen mit der Geschichte von John und Yoko. Am allerwenigsten habe ich versucht, Licht in die juristischen Auseinandersetzungen um die künstlerischen und finanziellen Rechte der einzelnen Beatles zu bringen, die sich bis 1975 an englischen und amerikanischen Gerichten abspielten (obwohl Lennon natürlich tief in diese Prozesse verwickelt war).

Ich habe versucht, mich mit meinem Text den seltsamen Persönlichkeiten von John und Yoko anzunähern und die häufig fehlgedeutete Entwicklung, die ihre Beziehung durchgemacht hat, soweit das möglich ist, zu erhellen. Auch ging es mir darum, die Paradoxie von Kunst und Leben herauszustellen, die entstehen kann, wenn ein Mensch, hier: John Lennon, seinen gesunden Menschenverstand, seine psychische Fassung und sogar seinen Realitätssinn verloren zu haben scheint. Wenn man bedenkt, was er in diesen ganzen Jahren an harten und weichen Drogen zu sich nahm, ist es wirklich erstaunlich, daß er zwischen 1968 und 1971 immer noch verteufelt originelle, geistreiche und häufig bewegende Stücke schrieb. Seine Liebe zu Yoko und auch ihre Liebe zu ihm klingen immer wieder an in der wunderbaren Musik, die John und die Beatles in jener Zeit spielten. Das Schönste an der Arbeit an diesem Buch war die Wiederbegegnung mit der Musik, die mich als Zehnjährigen so gefesselt hat und die nach Meinung vieler, die ein besseres Urteilsvermögen besitzen als ich, einen der popmusikalischen und kulturellen Höhepunkte unseres Jahrhunderts darstellt.

Um noch einmal auf das Jahr 1967 zurückzukommen, die Phase, als die Beatles aufgehört hatten, auf Tournee zu gehen, und Yoko Ono in Erscheinung trat: mit Ausnahme von *Abbey Road* (aufgenommen zwischen Februar und August 1968) war *Sgt. Pepper* das letzte gemeinsame, geschlossene Album der Beatles. Das ist eigentlich nicht verwunderlich.

In den drogenreichen, flirrenden Monaten nach Erscheinen der LP *Sgt. Pepper's Lonely Hearts Club Band* am 1. Juni 1967 begeisterten sich die Beatles für den Maharishi Mahesh Yogi, den sie Anfang 1968 im Himalaya besuchten und, bis auf George Harrison, bald enttäuscht wieder verließen.

Die Band hatte sich faktisch schon vor 1968 aufgelöst, wobei der Selbstmord ihres Managers Brian Epstein im August 1967 dazu auf morbide Weise beigetragen haben mochte. Zu diesem Zeitpunkt entfernte John sich im Geist von seinen Freunden und eine Zeitlang auch von unserem Planeten – und zwar mit Unterstützung seiner neuen japanischen Geliebten.

Ich möchte betonen, daß dies Johns Entscheidung war, und sie hatte viel zu tun mit seiner Drogenabhängigkeit. Yoko Ono war, auch wenn sie schon damals eine wichtige Rolle in Johns Leben spielte, zu Anfang noch eine Nebenfigur in der Geschichte der Beatles.

Die Zeit zwischen 1968 und 1969 war eine Periode enormer musikalischer Schaffenskraft – die Doppel-LP *The Beatles* (das «Weiße Album»), *Abbey Road* und *Let It Be* stammen alle aus diesen beiden Jahren. Gleichzeitig war es eine Zeit des finanziellen Chaos und der zunehmenden Entfremdung unter den vier Beatles. Hinzu kam, daß John und Yoko angefangen hatten, Heroin zu nehmen. Unter ihren Aufrufen für Frieden in der Welt und ihren hübschen Gesten verbarg sich das häßliche Gesicht der Drogensucht. Damals bewahrten die beiden und auch die anderen drei Beatles Schweigen über dieses Problem. In Johns Musik aus jener Zeit ist die Sucht teilweise deutlich spürbar.

Wie wichtig die Rolle war, die Yoko mittlerweile spielte, wurde erst in den Bildern deutlich, die im Mai 1970 für den Film *Let It Be* zusammengestellt wurden, ein melancholisches Dokument über die letzten gemeinsamen Aufnahmen der Beatles und ihre letzten gemeinsamen Monate. In dem Film gibt es kaum Szenen, in denen Yoko nicht zu sehen ist. Ihre Omnipräsenz zu dem Zeitpunkt, als der Traum zu Ende ging, legt die Frage nahe: «Ist sie schuld?» Sie ist es nicht, doch auf dieses Thema werde ich ab Seite 113 ausführlicher eingehen.

Die frühen siebziger Jahre waren, was die einzelnen Beatles angeht, deutlich weniger euphorisch. Nachdem sie sich getrennt hatten, war Paul McCartney der einzige, der, zumindest für das Publikum auf dieser Seite des Atlantiks sichtbar, mit seiner Band Wings eine neue musikalische Karriere verfolgte. John nahm zwei Solo-Alben auf, bevor er sich mit Yoko in New York niederließ, wo sie in den fünfziger Jahren gelebt hatte.

John, der seine Frisur beinahe so häufig änderte, wie Richard Nixon leugnete, etwas von Watergate gewußt zu haben, präsentierte denn auch ein verblüffendes Image: Der seltsamste der Beatles war jetzt ein Friedensapostel, aber kein Hippie mehr, und hatte sich den Ideen der Untergrundbewegung verschrieben. Einer, der jede Menge widersprüchlicher Erklärungen von sich gab und allem Anschein nach mit der Musik und den Musikern, die ihn so berühmt gemacht hatten, nichts mehr zu tun haben wollte. Tatsächlich schien Yoko Ono die Musikerin zu sein, die ihn am stärksten interessierte, wie sein Weihnachtshit von 1972, «Happy Xmas (War Is Over)», und einige andere weniger bekannte Stücke aus dieser Zeit deutlich machten. Auf der Single war Yokos Stimme deutlich zu hören, allerdings – zur Erleichterung aller Beatles-Fans – auch die unverwechselbare Stimme unseres guten alten John.

Doch die Erleichterung währte nicht lange. Nur wer ihnen nahestand, wußte, welches Chaos in der Ehe Ono-Lennon zwischen 1973 und 1974 herrschte. Die Probleme fingen an, als Mr. und Mrs. Ono-Lennon, nachdem es die Beatles nicht mehr gab und ihre Erfolge durch die Rockmusik der frühen siebziger Jahre überschattet wurden, auf sich selbst als Paar zurückgeworfen wurden und zusehen mußten, was sie aus ihrem Zusammensein machen konnten. Nach ihren öffentlichen Aktionen gegen den Vietnamkrieg und für den Frieden, nach den Bed-ins, den Bagism-Events und der verliebten Euphorie in den späten sechziger Jahren, ganz zu schweigen von Yokos Fehlgeburten, waren die beiden im Jahr 1973 ziemlich ausgelaugt.

John und Yoko bei einer ihrer Aktionen für den Frieden – vor allem in Vietnam –, die sie seit ihren Flitterwochen im Sommer 1968 ab und an starteten. Hier mit dem Plakat, das sie zu Weihnachten 1969 in elf Metropolen der Welt großformatig an Werbeflächen anbringen ließen.

Johns dunklere Seiten gewannen die Oberhand, er begab sich anderthalb Jahre lang auf Sauf- und Drogentour in Los Angeles und blieb eine Zeitlang gänzlich aus dem Blickfeld der Öffentlichkeit verschwunden. Yoko hätte sich um ein Haar von ihm getrennt, und es spricht vielleicht für die Charakterstärke der beiden – manche würden es ihre gegenseitige Abhängigkeit nennen –, daß sie 1975 trotz aller Schwierigkeiten einen gemeinsamen Sohn haben wollten.

Nun tauschten die Ono-Lennons in aller Öffentlichkeit die Rollen. In der zweiten Hälfte der siebziger Jahre stand eine flotte, geschäftsmäßige Yoko Ono im Rampenlicht, während John sich in der gemeinsamen New Yorker Wohnung im Dakota Building zurückzog und sich dem kleinen Sean widmete – und keine Musik machte. Als er 1980 ins Studio zurückkehrte, tat er das zusammen mit Yoko und in Festtagsstimmung: ihre Ehe hatte überlebt.

Das Ausmaß der Tragödie, die sich im Dezember 1980 ereignete, lag zum Teil darin begründet, daß Yoko Ono, nachdem viele Krisen überwunden waren, die ersten Anzeichen von John Lennons künstlerischer Regeneration seit dem Ende der Beatles-Ära erleben konnte und daran teilhatte. Diese Hoffnungsflamme, die in dem Album *Double Fantasy* kurz aufflackert, wurde dann nach Art amerikanischer Gangsterfilme ausgelöscht: durch eine Revolverkugel.

Nur Augenblicke bevor Mark Chapman abdrückte, hatte es noch so ausgesehen, als ob zwei Idole der sechziger Jahre den achtziger Jahren mit hart erkämpftem Optimismus entgegengingen. Kaum hatte sich die Nachricht, John sei «wieder da», wie ein Lauffeuer verbreitet, trafen ihn die tödlichen Schüsse. Über Nacht waren dieser Optimismus, eine seltsame und zugleich faszinierende Partnerschaft und die Inkarnation des Lebensgefühls einer ganzen Ära ausgelöscht worden.

Dieses Buch behandelt die vierzehn Jahre, die diesen schrecklichen Sekunden vorausgingen.

Indica

Im November 1966 erhielt John Lennon, einer der berühmtesten Männer der Welt, eine Einladung in eine Avantgarde-Kunstgalerie in London, von der er sich ein erotisches Abenteuer erhoffte:

«... es sollte irgendein Event oder Happening sein», sagte Lennon 1980, zwei Tage vor seinem Tod, zu Discjockey Andy Peebles, «bei dem dieses japanische Mädchen aus New York in einem Schlafsack steckte. Ich dachte – hmm, na ja, an Sex.»

Ein Mädchen war Yoko Ono jedenfalls nicht. Mit ihren dreiunddreißig Jahren war sie sieben Jahre älter als der älteste Beatle Ringo Starr. Sie war mit einem arbeitswütigen, nervösen Filmproduzenten namens Anthony Cox in zweiter Ehe verheiratet, Mutter einer Tochter und eine nicht mehr ganz unbekannte Konzept-Künstlerin, die mit den amerikanischen Komponisten John Cage, La Monte Young und dem Cage-Schüler Toshi Ichiyanagi, ihrem ersten Ehemann, zusammengearbeitet hatte. In einer ihrer eigenen Performances, die Aufsehen erregt hatte, war sie schwarzgewandet auf die Bühne getreten und hatte ihre Zuschauer aufgefordert, einzeln nacheinander zu ihr heraufzukommen und ihr mit einer großen Schere Stück für Stück die Kleider vom Leib zu schneiden. Sie hatte ein Faible für derlei öffentliche provokative Aktionen entwickelt, wie sie von experimentellen Künstlern mit wachsendem Erfolg in den USA, Europa und Japan (!) veranstaltet wurden.

Der Mann, der John Lennon die Einladung geschickt hatte, war John Dunbar. Er war Miteigentümer der Galerie

Indica im Londoner West-End, wo die Vernissage von Yokos Ausstellung *Unvollendete Bilder und Objekte* stattfinden sollte. Wie er sich dreißig Jahre später erinnert, behauptete Yoko damals, «sie wüßte nichts über die Popkultur. Wer ist dieser John Lennon? fragte sie mich immer wieder, während wir die Ausstellung zusammenstellten. Es war kaum zu glauben, daß sie es nicht wußte.»

John Dunbar, der in Cambridge studiert hatte, lernte Lennon 1963/64, im ersten Jahr des «Beatlesfiebers», durch Paul McCartney kennen. Zu dieser Zeit lebte McCartney zusammen mit der Schauspielerin Jane Asher in der vornehmen Wohnung ihrer Eltern in der Wimpole Street, etwas nördlich der Oxford Street. Janes Bruder, Peter Asher, gehörte zu dem damals erfolgreichen Gesangsduo Peter and Gordon, für das McCartney mehrere Hits geschrieben hatte. Als alter Schulfreund von Dunbar war Asher ein Verbindungsglied zwischen den Künstlerkreisen, in denen Dunbar verkehrte, und der Rock'n'Roll-Welt. Dunbar war Lennon zum erstenmal begegnet, als McCartney ihn in das Haus der Dunbars in Lennox Gardens in West-London mitbrachte. Die beiden Johns verstanden sich auf Anhieb, sie hatten einen ähnlichen Sinn für Humor und den gleichen Geschmack an Drogen, die damals als bewußtseinserweiternd galten. Dunbar experimentierte zu jener Zeit bereits mit LSD.

1965 heiratete er eine junge, bezaubernde Sängerin namens Marianne Faithfull, die er von Cambridge her kannte. Zusammen mit dem Buchhändler Barry Miles (ein Freund von McCartney, den alle immer nur «Miles» nannten) brüteten Dunbar und Faithfull Ende 1965 während eines Abendessens bei Bianchi's, einem Restaurant in Soho, die Idee für Indica aus. Sie wollten einen Ort schaffen, an dem avantgardistische Künstler ihre Arbeiten vorführen konnten und der zugleich eine Begegnungsstätte für diese Künstler und die verwegeneren Vertreter der aufkommenden Londoner Pop-Untergrundszene sein sollte. Rockmusik und weiche Drogen charakterisierten hier das Ambiente. Bezeichnenderweise war die Galerie nach einer Cannabissorte benannt worden.

Peter Asher lieferte das Startkapital in Höhe von 2000 Pfund, McCartney steuerte später einen finanziellen Zuschuß bei und half sogar eigenhändig bei der Einrichtung der Galerie. Barry Miles, ein unermüdlicher Förderer der amerikanischen Beat-Generation-Dichter Allen Ginsberg, Lawrence Ferlinghetti et al. sollte dort Bücher verkaufen. John Dunbar kümmerte sich um die Kunst, die vor allem neu, avantgardistisch und, um ein Modewort aus der Zeit zu benutzten, «in» sein sollte.

«Wir haben praktisch mit nichts angefangen», sagte er 1988 zu Jonathon Green:

> Wir haben dieses Ladenlokal in der Nähe von St. James's – Mason's Yard – für 20 Pfund die Woche gemietet und einfach angefangen. Zuerst haben wir unten Bücher verkauft und oben Kunst ausgestellt.
>
> Ich bin von einem Künstler zum anderen gelaufen und habe außergewöhnliche Objekte und Bilder gesammelt; Hauptsache, es waren keine normalen Bilder ... Wir haben nie ein einziges richtiges Gemälde gehabt. Wir hatten Takis und Yoko Onos. Unsere Ausstellungen waren alle sehr erfolgreich, was die Publicity angeht. Wir bekamen von Anfang an eine Menge Beachtung, weil es eben nichts Vergleichbares gab in London, so daß die Zeitungen es einfach bringen mußten. Außerdem liefen bei uns immer alle möglichen Popstars herum, und unsere Vernissagen waren ziemlich aufsehenerregend ...

Yoko Ono habe er durch einen damals in London lebenden amerikanischen Pantomimen namens Dan Richter kennengelernt. Dunbar ist ein weltgewandter Mann von inzwischen Mitte Fünfzig, der im Norden von London in einem nach Jahren der Sammelleidenschaft mit Kunstgegenständen vollgestopften Haus wohnt, und er konnte sich Ende 1996 kaum noch an Einzelheiten seiner ersten Begegnung mit der damaligen japanisch-amerikanischen «Newcomerin» erinnern. Er wußte allerdings noch, daß sie ihm äußerst «merkwürdig» erschienen war. Noch vor der offiziellen Vernissage schickte er Lennon eine Einladung. Wieso? «Ich wußte, daß Yoko ihm gefallen würde, einfach weil sie so verrückt war. Für John waren ihre skurrilen Einfälle genau das richtige, wie auch für mich. John war noch nie jemandem wie ihr begegnet.»

Ironischerweise trug zu der Ono-Lennon-Liaison auch Paul McCartney bei. Für Jonathon Green hat er die Geschichte folgendermaßen geschildert:

> Mein Interesse an avantgardistischer Kunst führte dazu, daß ich Yoko John vorstellte. John hat erst später angefangen, sich für diese Kunst zu interessieren. Und dann ist er gleich in die vollen gegangen, weil er sich draußen in Weybridge einfach verdammt eingesperrt fühlte. Wenn er nach London kam, sagte er: «Hey, wie geht's, Mann? Was machst du die ganze Zeit, Mann?» Und ich sagte: «Was machst du denn die ganze Zeit?» – «Na ja, vor der Glotze hocken und kiffen.» – «Ich bin gestern abend ausgegangen und hab in der italienischen Botschaft Luciano Berio gesehen und gehört, das war Spitze. Ich hab 'ne neue Platte von Stockhausen, die mußt du dir mal anhören. Wir waren bei Robert (Robert Fraser, ein Londoner Galerist), da habe ich mir 'ne Wahnsinns-Skulptur gekauft. Mann, Paolozzi (Eduardo Paolozzi, ein aufsteigender Pop-Art-Künstler) ist echt irre ...» Ich glaube, John hat irgendwann tatsächlich mal gesagt: «Ich bin verdammt neidisch auf dich, Mann.» Er mußte einfach aus Weybridge raus. Es war nicht die Schuld seiner Frau, aber sie begriff einfach nicht, wieviel Freiheit er brauchte.
>
> Yoko stand eines Tages bei mir vor der Tür und sagte: «Hast du irgendwelche Originalnoten?» Sie arbeitete in

New York mit John Cage zusammen, also war ich zunächst mal interessiert, weil ich ihn durch Miles und Dunbar und verschiedene andere Leute kannte. Trotzdem wollte ich ihr keine Noten von mir geben, weil ich die immer aufhebe, deswegen war ich auch nicht besonders entgegenkommend – ich wollte ihr eben keine geben, so einfach war das. Also sagte ich: «Ich habe einen Freund, der dir vielleicht weiterhelfen kann …» Wenn ich das nicht getan hätte, vielleicht hätte es für die beiden nie diese wilde Zeit gegeben … wer weiß? Dann ist sie also zu John rübergegangen. Ich glaube, das war noch vor seiner Begegnung mit ihr in der Galerie Indica, die jetzt immer so hochgespielt wird. Aber vielleicht hat sie auch dort erst gesagt: «Paul hat gesagt, ich soll mich an dich wenden.» Ich bin mir nicht sicher. Ich weiß aber mit Sicherheit, daß ich sie kennengelernt habe, weil ich mich für diese Avantgarde-Kunst interessierte.

Daß Yoko und John sich möglicherweise *vor* der Vorbesichtigung in der Galerie Indica schon einmal begegnet waren, wie Paul vermutete, ist nicht belegt. Aber seine Schilderung macht eins deutlich: Yoko war im Kommen. Sie war zwar klein von Gestalt, aber ihre physische Erscheinung stand im genauen Gegensatz zu ihren Ambitionen.

Nach ihren wilden, unsteten Jahren in Tokyo und New York war Yoko fest entschlossen, in London bekannt zu werden. Sie hatte bereits zwei Ehen hinter sich, und bei der Zielstrebigkeit, die sie charakterisierte, erstaunt es nicht, daß sie mit einer Ausstellung in der Londoner Avantgarde-Galerie mit der besten Publicity anfing und bei Popstars wie McCartney nach Noten fragte …

Immer wieder Ono

Yoko Ono wurde am 18. Februar 1933 in Tokyo geboren. Ihre Mutter Isoko entstammte der reichen, angesehenen Kaufmannsfamilie Jasuda, ihr Vater Eisuke war Bankkaufmann, aber gesellschaftlich nicht so hoch gestellt wie seine Frau. Er sah seine Tochter zum erstenmal, als sie drei Jahre alt war. Während des Krieges arbeitete er zunächst in den USA (vor Pearl Harbor), dann in Vichy-Frankreich und schließlich in Hanoi. Er war ein talentierter Mann, der Klavier spielte, sogar als Pianist ausgebildet war, und fließend Englisch und Französisch sprach. Die Bank, in die er 1927 eintrat, wurde nach dem Krieg in Bank of Tokyo umbenannt – mit Eisuke Ono als Bankdirektor.

Yoko erhielt eine hervorragende Schulbildung und wurde nach den strengen Konventionen der japanischen Etikette erzogen. Ihre Mutter Isoko führte vor dem Krieg einen der ersten Tokyoter Salons, und als Yoko alt genug war, durfte sie den Gästen Tee servieren. Sie war die perfekte Tochter. Wenn Eisuke Ono zu Hause war, beschäftigte er sich viel mit Yoko, für die er hochfliegende Pläne hatte.

Bereits im Kindesalter war sie – aufgrund der wechselnden Arbeitsplätze ihres Vaters – zweimal in Amerika gewesen und mit westlichen Sitten konfrontiert worden. Während der Vater die Kriegszeit größtenteils in Hanoi verbrachte, erhielt Yoko die beste Privatschulbildung, die es in Tokyo gab, und zwar an einer Akademie, die einer der Erben des Mitsui-Vermögens gegründet hatte. Ein massiver amerikanischer Luftangriff auf die Hauptstadt im März 1944 setzte dem Schulbesuch vorerst ein Ende, Isoko flüchtete mit Yoko, dem jüngeren Bruder Keisuke und der kleinen Schwester Setsuko aufs Land. Vor einigen Jahren hat Yoko Ono davon erzählt, wie sie in der schrecklichen Zeit, die Japan von 1944 bis 1945 erlebte, ständig auf der Suche nach Nahrung für ihre kleinen Geschwister war.

1946 wurde der Unterricht an der Akademie wiederaufgenommen, sieben Jahre nach Japans Niederlage zog die Familie wieder nach Amerika, diesmal nach New York, wo Eisuke Ono die Leitung der dortigen Niederlassung der Bank of Tokyo übernahm. 1953 schrieb Yoko sich an dem renommierten Sarah Lawrence College in Bronxville ein. Sie war nicht gerade eine herausragende Studentin an dieser Bildungsstätte der amerikanischen Ostküstenelite, aber sie spielte mit dem Gedanken, Musikerin zu werden. Ihr besonderes Interesse galt dabei Webern und Schönberg, und sie schrieb erste eigene Zwölftonstücke für Stimme und Klavier. Aber ihre konventionelle Familie – vor allem die strengen Verhaltensvorschriften der Mutter – empfand sie inzwischen als schrecklich einengend und langweilig. Yoko rebellierte und sah sich in der avantgardistischen Musikszene um. Dort lernte sie Toshi Ichiyanagi kennen, einen jungen japanischen Komponisten, der bei Aaron Copland und John Cage studiert hatte und im Kreis von Musikern und Malern um Cage verkehrte. Von dieser Szene gingen seit Anfang der fünfziger Jahre entscheidende Impulse aus – auch für die Happening-, Fluxus- und Pop-Art-Bewegungen der Sechziger.

Der Lennon-Biograph Albert Goldman beschreibt Ichiyanagi als gepflegte Erscheinung, und er «bewegte sich wie ein Ballettänzer und war sehr schweigsam».

1957 kehrte die Familie Ono ohne ihre älteste Tochter nach Japan zurück, und bald darauf heirateten Yoko und Toshi. Ein Jahr lang verweigerten Yokos Eltern dieser Ehe ihren Segen. Das junge Paar lebte in einer kleinen Wohnung an der Amsterdam Avenue. Während Toshi sich mit einem Stipendium der Juilliard School (das später gestrichen wurde) gerade so über Wasser hielt, arbeitete Yoko als Dolmetscherin für japanische Geschäftsleute.

Sie wollte unbedingt eine berühmte Künstlerin werden – Musikerin, Bildhauerin oder Performance-Künstlerin, auf eine Richtung hatte sie sich nicht festgelegt. Aber vor allem durchlebte sie eine Zeit ausgeprägter Promiskuität, während Toshi sich eher zurückzog. Yoko lebte ihre sexuellen Abenteuer und sprach lange Zeit später auch davon, damals mehrfach abgetrieben zu haben.

1960 zog sie in eine ursprünglich als Atelier angemietete Dachwohnung, wo sie mit dem Schriftsteller Michael Rumaker zusammenlebte.

Die Verbindung mit Rumaker, der seine Liaison mit Yoko in dem Roman *The Butterfly* (Der Schmetterling, 1962) verarbeitete, war nur von kurzer Dauer. Sein Nachfolger wurde der Musiker La Monte Young, der unter New Yorker Avantgardisten schon nach seiner Ankunft in der Stadt (1960) mit einigen Stücken für den legendären Pianisten neuer Musik David Tudor einiges Aufsehen erregte und das Lob von John Cage erntete. Sie alle prägten zu dieser Zeit eine Kunstrichtung aus, die sich Fluxus (lat. Fluß, Fließendes) nannte, eine Bewegung, der es nicht darum ging, konservierbare Kunstwerke fürs Museum zu produzieren, sondern mit Hilfe der verschiedenen künstlerischen Medien Veränderungsprozesse darzustellen. Fluxus war seit den frühen sechziger Jahren, als sich Cage, Nam June Paik, Tudor, Mary Bauermeister und Stockhausen in Kölner und Düsseldorfer Galerien trafen, auch in Deutschland bekannt geworden; hier zählten Wolf Vostell und eine Zeitlang Joseph Beuys zu den bekanntesten Protagonisten.

Albert Goldman zeichnet ein witziges Porträt von Young und Yoko: «Der zierliche Mann von knapp fünfundvierzig Kilo Gewicht, der eine Vorliebe für Samtanzüge und Stiefeletten hatte, paßte gut zu der kleinen Yoko, die zur schwarzen Skihose einen schwarzen Pullover trug. Ihre Füße steckten in spitz zulaufenden Stiefeln mit silbernen Schnallen. Trotz seines koboldhaften Aussehens entsprach Young vollkommen dem amerikanischen Ideal des im Lande geborenen Genies.»

Yoko Ono begann, ihr Loft für Konzerte neuer Musik, Events und Performances zur Verfügung zu stellen, die La Monte Young organisierte. Sie selbst oder Freunde führten dabei auch einige ihrer eigenen Events auf, und alles zusammen wurde unter dem Titel «Yoko Ono's Chamber Street Concerts» auf einer erst kürzlich erstellten Yoko-Ono-Werkliste als Nummer zwei rubriziert. Als Datum ist das Jahr 1961 angegeben. Ebenfalls von 1961 datiert das erste Stück auf der Liste, «A Grapefruit in the World of Park», ein Multimedia-Event oder, wie es heißt: eine «Konzertcollage» von fünf Stunden Dauer, weitgehend ohne Musik, die im November 1961 in der New Yorker Carnegie Recital Hall uraufgeführt wurde.

Da das Loft sich sehr schlecht als Wohnraum eignete, zog Yoko bald vorübergehend zu Erica Abeel, einer früheren Studentin am Sarah Lawrence College, die später behauptete, sie und Yoko Ono hätten sich nicht nur die Wohnung, sondern auch die Männer geteilt. «Es war eine wilde Bumserei», erklärte sie trocken. Eine Zeitlang lebte Yoko dann mit einem japanischen Maler zusammen, aber obwohl sie mit ihren Zen-buddhistisch und poetisch inspirierten Aktionen im Village hervortrat, war sie längst nicht so weit gekommen, wie sie es wünschte. Mit dieser rebellischen Kunst bekannt zu werden, war bestenfalls Männern vergönnt – zunächst. Im März 1962 ging sie nach Japan. Doch auch dort stellte sich nicht der «große» Erfolg ein. Sie verfiel in Depressionen und war zeitweise akut selbstmordgefährdet. Ihre besorgten Eltern brachten sie in ein Sanatorium, wo sie starke Beruhigungsmittel bekam. Toshi Ichiyanagi, der einige Zeit zuvor nach Japan zurückgekehrt war, sah Yokos Zustand mit großer Bestürzung. Er besuchte sie häufig, und um sie aufzumuntern, brachte er eines Tages einen jungen Mann namens Anthony Cox mit.

Cox gehörte zum Freundeskreis um La Monte Young, und Young war es auch gewesen, der dem leicht zu beeinflussenden Vierundzwanzigjährigen aus Long Island von Yoko vorgeschwärmt hatte. Er hatte sich in New York mit allen möglichen Leuten zerstritten, hatte einmal sogar das Auto von Cage gestohlen. Sein Studium der Malerei lag bereits hinter ihm, aber er war ähnlich wie Yoko mit seiner Kunst beruflich nicht so erfolgreich, wie er es wollte, und hatte sich in New York viele Feinde gemacht. Bedenkt man, daß der heute als komplexester musikalischer Neuerer der Moderne geltende John Cage über zwanzig Jahre lang unverstanden, aber unbeirrt seine Kunst verfolgte, bis er angemessene Resonanz fand, wird die ganze Ungeduld und Schnellebigkeit dieser nachfolgenden Künstlergeneration deutlich. Mit Sicherheit war Anthony Cox begeistert, als Toshi Yoko (die zunächst gezögert hatte) überreden konnte, ihn zu empfangen. Cox besuchte sie dann öfter und half ihr dabei, aus dem Sanatorium entlassen zu werden; beide gingen eine Liebesbeziehung ein.

Nachdem sie John Cage und David Tudor im Oktober auf einer Konzerttournee durch Japan begleitet hatten, heirateten Yoko und Anthony im November – sehr zum Entsetzen von Yokos Familie. Zudem hatte Yoko sich noch gar nicht von Toshi scheiden lassen. Drei Monate später half ihnen ein Rechtsanwalt aus dem Durcheinander, was beinhaltete, daß die beiden sich zuerst einmal scheiden lassen mußten, um erneut zu heiraten, nachdem Yokos Scheidung von Toshi Ichiyanagi rechtskräftig geworden war. Im August 1963 wurde Kyoko geboren, die Tochter von Anthony Cox und Yoko Ono.

Das Paar hatte sich mit dem Baby in Japan niedergelassen, doch Yoko sehnte sich zurück nach New York und ihrer Kunst. Cox dagegen scheint mit dem Leben in Tokyo und mit seiner neuen Rolle als Vater recht zufrieden gewesen zu sein. Daß Yoko von der Mutterschaft völlig überfordert war, steht außer Frage; was ihre künstlerischen Ambitionen anging, bedeutete Kyoko eher eine Behinderung. Tatsächlich war Yoko Ono wesentlich stolzer auf ihr erstes echtes konzeptuelles Kunstwerk, *Grapefruit* – eine Sammlung von «Wortfolgen», bei denen es sich um Aktionsanweisungen handelte wie: «Entzünde ein Streichholz und sieh ihm zu, bis es ausgeht», oder: «Schneide ein Loch in einen Sack mit Samenkörnern und stelle ihn in den Wind» –, als auf ihre kleine Tochter. Weil *Grapefruit* und andere Projekte ihr unter den Nägeln brannten und die Beziehung mit Anthony Cox mehr Probleme als positive Anstöße brachte, wollte Yoko zurück nach New York. Im September 1964 war es dann soweit, sie «kehrte heim» ins Künstlerdorf, und im Frühjahr 1965 kamen Mann und Kind nach.

Schon bald quartierte man Kyoko bei Freunden von Cox' Vater auf Long Island ein, wo sie den größten Teil des Jahres verbrachte. Tony und Yoko widmeten sich beide wieder ihren Künstlerkarrieren und bezogen je eine Wohnung in der Hudson Street und in der Christopher Street in Greenwich Village, wo sie sich wie die meisten Avantgardisten in ihrer Umgebung als Low-budget-Künstler durchschlugen. Cox wollte Kyoko wieder bei sich haben und holte sie schließlich von Long Island zurück, sehr zum Leidwesen der Quasi-Pflegeeltern, die fürchteten, daß sie in Manhattan unglücklich sein und von ihrem Vater schlecht versorgt werden würde. Diese Befürchtung war nicht ganz grundlos, denn Tony war wie seine Frau vor allem mit seiner Kunst beschäftigt, soll sich aber als Vater bemüht haben, während Yoko die Mutterrolle nach wie vor nicht übernahm. Er hatte wohl einige Schwierigkeiten, dies zu akzeptieren.

Yoko war unermüdlich damit beschäftigt, an Aufführungen teilzunehmen und ihre Kunst populär zu machen. Goldman erwähnt ein großes Blatt Papier mit der Überschrift «ONOS VERKAUFSLISTE», das sie unter die Leute verteilte, wenn an einem der einschlägigen Orte – vom Living Theater bis zur Reuben Gallery – ein Event stattfand. Skurril und sowohl ernst als auch parodistisch gemeint war eine solche Liste im Zusammenhang von Fluxus und Aktionskunst vor allem, weil die Intention dieser Bewegung gerade in die Gegenrichtung zielte: weg vom «Kunstprodukt». Entsprechend lädt diese «sales-list» denn auch eher zum Träumen ein:

> … Tonbänder mit dem Geräusch fallenden Schnees in Indien; Berührungsgedichte, deren Preis in Beziehung zur Qualität des Materials stand; Maschinen, die weinten, sprachen oder auf ewig die Zeit anzeigten; Entwürfe zu Häusern, durch die der Wind wehen oder in die man hineinsehen konnte, ohne gesehen zu werden; Gemälde, die im Kopf des Betrachters zu erzeugen waren; Gartengeräte, die in Löchern für Wolken und Nebel existierten; Briefe und Antworten; imaginäre Musik; Unterwäsche, mit der sich besondere körperliche Mängel hervorheben ließen; sowie die unveröffentlichte und veröffentlichte Ausgabe von *Grapefruit*.

Andy Warhol, der in der New Yorker Szene gerade groß im Kommen war, hatte von Yoko gehört und war zweifellos beeindruckt von dem, was sie zu bieten hatte. Doch obwohl sie mit Aktionen und Performances in der Szene präsent ist, gelingt ihr immer noch nicht, was sie anstrebt, nämlich der sogenannte große Durchbruch. Vielleicht würde London die Antwort sein.

1966, als ihre Verbindung mit Anthony Cox endgültig zu scheitern drohte (beide hatten sich sogar an eine Eheberatungsstelle gewandt), lernte Yoko Mario Amaya kennen, der später die einflußreiche britische Kunstzeitschrift *Art & Artists* gründen sollte. Amaya stammte zwar aus Brooklyn, lebte jedoch inzwischen in London, wo er seinen Ehrgeiz daransetzte, Fluxus, Happening, die Pop-Art und andere exotische neue Bewegungen bekanntzumachen. In jenem Sommer war Amaya nach New York gekommen, um für das Symposion «Zerstörung in der Kunst» («Destruction in Art Symposium», ein später berühmt gewordenes internationales Fluxus-Ereignis) zu werben, das in London stattfinden sollte. Yoko konnte seiner Einladung nicht widerstehen, Anthony Cox wollte nicht zu dem Kongreß fahren, und die beiden hatten heftige Auseinandersetzungen darüber, ob sie eine Reise unternehmen sollten, die sie sich finanziell eigentlich nicht leisten konnten. Yoko setzte sich schließlich durch, ihr Mann begleitete sie widerwillig – mit der kleinen Kyoko auf dem Arm. Anfang September 1966 kamen sie in London an.

November 1966

Den meisten Berichten zufolge hat die erste, die «Große Begegnung» zwischen John und Yoko am 9. November 1966 in der Galerie Indica stattgefunden. John Dunbar bleibt diesbezüglich vage, seine Erinnerung ist unscharf – vielleicht auch, weil er wie so viele die sechziger Jahre ziemlich stoned durchlebte. 1966 war auch das Jahr, in dem John Lennon anfing, exzessiv LSD zu konsumieren; im folgenden Jahr ging er dann immer wieder mit Dunbar gemeinsam «auf Trip», unter anderem verbrachten sie eine Woche völlig «high» auf einer Insel vor der Westküste Irlands. Von Dunbar war also nicht viel zu erfahren.

Bei den Gesprächen mit den Leuten aus der Indica-Szenerie, Mitte der neunziger Jahre, wurde aber zumindest eines deutlich: Alle, Dunbar sowie Barry und Sue Miles, waren sich sicher, daß sie zugegen waren, als Lennon Yoko Ono kennenlernte. Doch sie waren sich uneins, ja, keiner konnte sich eindeutig erinnern, wann genau diese Begegnung stattgefunden hatte.

Hier ist die Version von Barry Miles: «Es war kein weltbewegendes Ereignis, und es war auch kein besonderer Tag. Damals haben wir uns gar nicht viel dabei gedacht, denn die Beatles gingen ständig in der Galerie ein und aus. Paul hatte beim Aufbauen der Regale geholfen und später auch Geld zugeschossen. Dieser Tag erhält nur im Rückblick seine Bedeutung.»

Sue Miles schaute in ihrem Tagebuch nach. Am 7. November 1966, einem Montag, war sie in die Galerie gegangen:

«Tony Cox war vor Aufregung wegen der Eröffnung ganz durchgedreht», hatte sie aufgeschrieben. Am 9., einem Mittwoch, fand Yokos Vernissage statt: «Es waren jede Menge Leute da, die Vernissage wurde ein Riesenerfolg, nur Paul Ableman (ein Bühnenautor, der in den sechziger Jahren ziemlich bekannt war) machte Ärger.» Mit anderen Worten, er betrank sich und benahm sich daneben. Aber Miles und Dunbar bestätigten, daß das damals bei Ausstellungseröffnungen nichts Außergewöhnliches war.

Und was geschah am 8. November? Die einzige Eintragung, die Sue Miles' Tagebuch für diesen Tag enthielt, war die Feststellung, daß Lyndon B. Johnson zum Präsidenten der USA gewählt worden war.

Das Problem mit Sue Miles' Tagebuch ist, daß es Lücken hat. John Lennon mußte etwa zur Teezeit auf eine private Einladung hin in die Galerie gekommen sein – jedenfalls behauptet Dunbar dies steif und fest. Deshalb ist es wahrscheinlich, daß John Yoko nicht am 9. November, sondern einen Tag früher kennengelernt hat, als man noch dabei war, die Ausstellung aufzubauen.

In welcher Reihenfolge sich alles zugetragen hat, bleibt umstritten, aber angefangen hat es etwa so:

Lennon wurde von seinem Chauffeur Les Anthony von seiner Villa in Weybridge zur Galerie Indica gefahren. Sie waren in einem schwarzen Mini-Cooper mit getönten Fensterscheiben unterwegs. Die Galerie, die über je einen Raum im Erdgeschoß und im Kellergeschoß verfügte (die Buchhandlung war mittlerweile in die Southampton Row umgezogen, eine Meile östlich von St. James's), lag in Mason's Yard, einer ziemlich abgeschiedenen Wohngegend, und John gelangte ohne weiteres Aufsehen dorthin.

Als er die Galerie betrat, erblickte er einen Beutel voll Nägeln zu 100 Pfund und einen frischen grünen Apfel zu 200 Pfund, worüber er sich köstlich amüsierte. Der Legende nach sagte daraufhin Dunbar zu Yoko: «Na dann, geh dem

Millionär mal guten Tag sagen.» Das war so seine – damals naheliegende – Art des Umgangs mit enormen Einkommensunterschieden bei den sehr verschiedenen Galeriebesuchern, zumal er und seine Freunde diesen Ort nicht aus kommerziellen Beweggründen betrieben.

Wie immer von Kopf bis Fuß in Schwarz gekleidet, trat Yoko auf den Beatle zu und reichte ihm eine Karte. «Atme», war darauf zu lesen. Lennon reagierte mit heftigem Atmen und erkundigte sich, ob *dies* das «Event» sei. Yoko sagte ja. Zur Ausstellung gehörte eine Bretterwand mit Nägeln und ein Hammer, der an einer Kette hing. John fragte, ob er einen Nagel einschlagen dürfe. Yoko sagte nein, da die Ausstellung noch nicht eröffnet sei.

Dunbar fühlte sich bemüßigt, Yoko ein bißchen auf die Sprünge zu helfen. 1980 erinnerte sie sich, Dunbar habe ihr «einen Wink gegeben, mit den Augen, wissen Sie». Daraufhin bot sie John also an, für fünf Shilling einen Nagel einzuschlagen. Er konterte: «Am besten schlag ich dann wohl für fünf gedachte Shilling einen gedachten Nagel ein.»

Dies war der Augenblick, wie Lennon 1980 behauptete, als sie sich ineinander verliebten.

Auch wenn es (nach sämtlichen offiziellen Berichten, einschließlich Johns eigenem) noch achtzehn Monate dauern sollte, bis die beiden auch auf dem Papier ein Paar wurden, so war jedem, der sie kannte, klar, daß die Beatles seit 1967 einen neuen Trabanten hatten. In der Zwischenzeit wurde Cynthia, Lennons erste Frau, schnell ausgebootet. Drei Wochen nach ihrer ersten Begegnung bei Indica sollen John und Yoko heimlich sexuell zusammengekommen sein, wie Les Anthony behauptet. Seine Aussage allerdings ist mit Vorsicht zu genießen, sie ist sonst nirgends belegt.

Albert Goldman, der die Behauptung in seiner Lennon-Biographie kolportiert, bleibt, was die Begegnung bei Indica angeht, leider ebenso ungenau wie alle anderen. Auch er serviert die oft erzählte Anekdote, nach der Lennon auf eine

Leiter geklettert sein soll, um mit Hilfe einer Lupe an einer an der Decke angebrachten Leinwand das Wort «Yes» zu entziffern. Es hat tatsächlich ein solches Exponat gegeben, und John hätte sicherlich seinen Spaß daran gehabt. Es hing jedoch noch nicht dort, als er die Galerie besuchte.

Goldman hätte sich besser die Mühe machen sollen, die Person zu befragen, die zu diesem Zeitpunkt nicht nur in der Galerie anwesend war, sondern dort wohnte. Die in Vergessenheit geratene Zeugin der Ereignisse ist eine Französin namens Geneviève Morgan, die heute in Paris lebt. 1966 war sie als Ausstellungsleiterin für Indica tätig und wohnte im ersten Stock über der Galerie. Als Dunbar die Galerie Indica plante, hatte er jemanden gesucht, der ihre künstlerische Leitung übernehmen sollte, und war durch seine Kontakte in der Kunstszene auf Geneviève Morgan gestoßen. Sie arbeitete damals in Paris für den Kunsthändler Edouard Loeb, der früher mit Picasso, Giacometti und den Surrealisten befreundet war. Als Ehefrau des britischen Bildhauers Tony Morgan, mit dem sie seit 1963 verheiratet war, kannte sich Geneviève außerdem in der Londoner Kunstszene gut aus, und überdies war sie auf der Suche nach etwas Neuem. Dunbars Angebot kam genau im richtigen Augenblick.

Geneviève Morgans Version der Ereignisse, die sie Ende 1996 schilderte, klingt äußerst plausibel: «Im Erdgeschoß gab es sechs oder sieben Ausstellungsstücke. Das erste, was John sah, war der Apfel. Yoko ging auf ihn zu und gab ihm die Karte mit der Aufschrift ‹Atme›; nur Dunbar und ich waren zugegen, es war einen Tag vor der offiziellen Vernissage. Irgendwann gingen wir alle nach unten, wo weitere Exponate aufgebaut waren. Draußen standen die Leute inzwischen Schlange, um eingelassen zu werden, denn es hatte sich herumgesprochen, daß einer der Beatles bei Indica war. Wir mußten die Galerie abschließen und den Leuten sagen, sie sollten am nächsten Tag wiederkommen.»

Das Ausstellungsstück mit der Leiter wurde erst ein paar

Tage später aufgebaut, wie Morgan sich erinnerte. Und Sue und Barry Miles? Geneviève Morgan konnte nicht sagen, ob die beiden an dem Tag überhaupt in der Galerie gewesen waren. Könnte es ein, daß Miles später an jenem Abend noch vorbeigeschaut hatte? Das, so meinte sie, sei immerhin möglich: Schließlich sei Barry Miles Miteigentümer der Indica Gallery gewesen.

Die Begegnung zwischen John und Yoko hat stattgefunden, und das ist alles, was zählt. Wie wir heute wissen, hat sie John Lennon für immer verändert. Die Beatles waren nicht länger einfach nur die berühmteste und beliebteste lebende Mainstream-Popgruppe der Welt. Eine Veränderung war eingetreten, die sich schon auf dem Album *Revolver* abzeichnete, das im August 1966 erschien – kurz nach Johns «Jesus-Kommentar» und dem darauffolgenden Aufruhr in den USA, aber noch vor seiner Begegnung mit Yoko Ono. Die Musik der Beatles hatte angefangen, die Drogenexperimente abzubilden: «Tomorrow Never Knows», das letzte Stück von *Revolver* – obwohl als erstes geschrieben –, ist ein schlagender Beweis dafür. Außerdem war ihre Musik mit jeder Platte, die sie herausbrachten – schon von *Help!* zu *Rubber Soul* –, musikalisch komplizierter geworden. Mit Lennons antiautoritärem, suchendem Geist und McCartneys Offenheit für Avantgarde-Kunst hatten sich die Beatles einen Schritt in Richtung Gegenkultur bewegt.

Die Galerie Indica bestand bis Anfang 1968. Während Barry Miles' Buchladen noch bis 1970 überlebte, wurde die Kunstgalerie drei Jahre nach ihrer Eröffnung mit 500 Pfund Schulden auf dem Konto geschlossen. 1967 brannte Marianne Faithfull mit Mick Jagger durch. John Dunbar, der der Londoner Kunstszene der sechziger Jahre seinen Stempel aufgedrückt hatte, zog sich bis Anfang der siebziger Jahre aufs Land zurück. Geneviève Morgan ging 1967 wieder nach Paris.

Die Beatles in der Krise

«Plötzlich waren wir einfach unzertrennlich, wir steckten nur noch die Köpfe zusammen, kicherten und machten solche Sachen wie *Two Virgins* und *Bags*, und Paul, George und Ringo fragten: ‹Was zum Teufel machen die da? Was ist los mit ihm?› Na, Sie kennen das ja. Und ich hab mich überhaupt nicht mehr für sie interessiert. Das war eigentlich keine Absicht. Es war nur so, daß ich mit dem, was wir machten, so beschäftigt war, daß ich ... und dann haben wir uns umgesehen und auf einmal gemerkt, daß ihnen das alles ziemlich auf die Nerven ging. Aber ich kann ihre Gefühle verstehen, denn wenn es Paul oder George oder Ringo gewesen wäre, der sich verliebt und plötzlich nichts anderes mehr im Kopf gehabt hätte, das wäre nicht dasselbe gewesen, wie wenn einer von uns ... also wenn zum Beispiel George angekommen wäre und erklärt hätte, ich spiele ab jetzt mit Eric Clapton und The Band, ihr könnt mich mal. Das war etwas ganz anderes. Ich war plötzlich einfach nur mit Haut und Haaren verliebt.»

So erinnerte sich John Lennon zwei Tage vor seinem Tod an die Reaktion seiner Kollegen auf Yokos Anwesenheit im Aufnahmestudio, Mitte 1968, während die Beatles gerade an einigen ihrer verschiedenartigsten und zugleich besten Stücke arbeiteten, die Ende des Jahres auf dem «Weißen Album» *The Beatles* herauskamen. Eine Beatles-Freundin im Studio? Das war noch nie dagewesen.

Doch seitdem die Bandmitglieder im März und April nacheinander ziemlich enttäuscht von ihrem Meditations-Experiment bei Maharishi Mahesh Yogi im Himalaya zurückgekehrt waren, tauchte Yoko Ono regelmäßig in der Abbey Road zusammen mit John auf. Während sie die vielen Einzelabmischungen von dreißig Songs für das «Weiße Album» aufnahmen, sagten sich Paul, George und Ringo, Yoko sei wohl «Johns derzeitiges japanisches Groupie». Sie hatten keine Ahnung.

«Es gab damals keine heftigen Streitigkeiten», sagte Yoko Ono dreißig Jahre später einem Interviewer des BBC World Service. «Natürlich kann man sagen, daß sie nicht gerade von meiner Anwesenheit begeistert waren. Wir waren so verliebt, John und ich, wir haben uns nur angesehen, und es war uns egal, was die anderen dachten ... Sie waren jedenfalls höflich.»

Möglicherweise hat sie da die Wirklichkeit etwas geschönt, denn es soll anderen Aussagen zufolge durchaus Unmutsäußerungen und hinterrücks frauenfeindliche Sprüche der deftigsten Art gegeben haben. Paul, der sich anfangs bemühte, sie zu akzeptieren, konnte sie nicht ausstehen. Und als Yoko begann, ihre Meinung über die Musik der Beatles zu äußern, fuhr der ansonsten zurückhaltende Ringo nach Kenwood, um John zu fragen, ob Yoko denn wirklich immer dabeisein müsse ... George war der einzige, der John verstehen konnte, auch wenn er dessen neue Gefährtin nicht besonders mochte. Ob der Umgang mit ihr nun höflich war oder nicht, ihre Anwesenheit brach eindeutig ein unausgesprochenes Gesetz, nach dem es nicht nur Freundinnen der Beatles, sondern jedem Außenstehenden untersagt war, den fabelhaften vier bei der Arbeit zuzusehen. Der einzige, dem dieses Vorrecht eingeräumt wurde, war ihr Produzent George Martin.

Yokos Gegenwart bei den Aufnahme-Sessions war aber nur ein weiterer Höhepunkt in einer Reihe von Problemen, mit denen die Beatles sich über mindestens zwei Jahre hinweg auseinandersetzen mußten.

Im August 1966 hätte die Band sich beinahe aufgelöst. Am

29. des Monats gaben die Beatles ihr letztes Konzert im Candlestick Park in San Francisco. Ihre Fans kreischten so laut, daß sie ihre eigene Musik nicht mehr hören konnten. Dies, wie auch die christlichen Anti-Beatles-Kampagnen wegen der Jesus-Bemerkungen Lennons während ihrer letzten Tournee, führte dazu, daß George erklärte, er wolle die Band verlassen. Das wäre beinahe das Ende gewesen. Erst nachdem ihr Manager Brian Epstein versichert hatte, die Beatles würden nie wieder auf Tournee gehen, war Harrison bereit, einzulenken.

Mit dieser Entscheidung setzte Epsteins Autoritätsverlust als Manager der Beatles ein, an dessen Ende schließlich, ein Jahr später, Epsteins Selbstmord stand.

Das Jahr 1966 war für die Beatles ein entscheidendes Jahr. Sie faßten nicht nur den Entschluß, nicht mehr auf Tournee zu gehen, sondern waren mittlerweile auch so reich, daß sie nie wieder hätten arbeiten müssen. Zu diesem Zeitpunkt hätte keiner von ihnen etwas dagegen gehabt, seine eigenen Wege zu gehen. Und genau das taten sie im Herbst des Jahres zum erstenmal, seit sie ihre gemeinsame Karriere begonnen hatten. Obschon es nicht den Tatsachen entsprach, glaubten nun, im Sommer 1966, viele, die Beatles hätten sich getrennt. Sie wollten einfach Zeit für sich allein. Vielleicht hätten sie tatsächlich nie wieder zusammengefunden, hätte Paul McCartney nicht eine List angewendet, die den Beatles, als sie Anfang 1967 in Musik umgesetzt wurde, eine ungeheure Anerkennung brachte: Er gewann sie für das Projekt *Sgt. Pepper*, eine zum erstenmal als zusammenhängendes Stück geplante Langspielplatte, die dann im Juni 1967 erschien.

Harrison, frisch verheiratet mit dem Model Patty Boyd, hatte ein großes Interesse an der indischen Sitar entwickelt und reiste im September 1966 nach Indien. Starr, seit Februar 1965 Ehemann von Maureen Cox und inzwischen Vater eines kleinen Jungen namens Zak, hatte bewiesen, daß er der

Obwohl die Beatles sich 1968 schon auseinandergelebt hatten, glaubte niemand, der Paul McCartneys *Hey Jude* im Spätsommer jenes Jahres hörte, daß die Gruppe sich trennen würde. Doch beschleunigt durch Johns und Yokos öffentlich ausgelebte symbiotische Liebe sollte die Trennung der «Fab Four» im Jahr 1970 wahr werden.

einzige Beatle mit schauspielerischem Talent war – eine Karriere als Filmstar wäre durchaus in Frage gekommen. Lennon war verheiratet und hatte einen dreijährigen Sohn, Julian, allerdings erwies er sich in Weybridge (wenn er denn einmal da war) als Vater ebenso ungeeignet wie Yoko als Mutter in New York.

Während Harrison sich in Indien aufhielt, übernahm Lennon eine Filmrolle in Richard Lesters antimilitaristischer Komödie *Wie ich den Krieg gewann* (gedreht in Deutschland und Spanien), dessen Hauptresultat die runde Nickelbrille war, die John von da an trug. Um sich zu Hause in Kenwood die Langeweile zu vertreiben, starrte er stundenlang in eine Kiste mit blinkenden Lämpchen, die er seine «nothing box» nannte, und dröhnte sich mit LSD zu.

McCartney dagegen, offenbar glücklich liiert mit Jane Asher und inzwischen Besitzer eines Hauses in St. John's Wood, hatte zu Beginn des Jahres 1966 angefangen, sich mit Avantgarde-Musik zu beschäftigen – unter anderem mit Berio und Stockhausen. Während der Monate, die der Aufnahme von «Penny Lane», «Strawberry Fields Forever» und den ersten Sessions für das neue Projekt der Beatles vorausgingen, trieb er seine kulturelle Weiterbildung voran und sammelte auch nebenbei Originale von Aubrey Beardsley und René Magritte, ging zu Premieren ins Theater und schrieb die Musik für einen Film. Er entwickelte sich zum erfolgreichsten und musikalisch ehrgeizigsten Mann Londons.

Revolver, der Vorbote dieser Periode der Selbstfindung der einzelnen Beatles, ist der Inbegriff des Jahres 1966: Allein schon die Schwarzweißgrafik auf der Schallplattenhülle war ein *fashion statement* – das perfekte Gegenstück zu den schwarzweiß gemusterten Miniröcken, die in jenem Sommer der letzte Schrei waren. Im April hatte das *Time Magazine* eine Titelgeschichte über Swinging London gebracht und die Stadt überschwenglich zur «Stadt des Jahrzehnts» erklärt. Die britische Mode hatte mit Mary Quants frecher Erfindung (eben dem Mini) tonangebende Führung übernommen, Carnaby Street war ihr hauptstädtisches Zentrum, und auch Namen wie Vidal Sassoon und Biba reisten mit der Musik der Beatles in die Welt. Selbst Jane Asher sah aus wie eine Kreuzung aus Jean Shrimpton und Twiggy, den beiden englischen Fotomodellen, die zusammen mit der 1 Meter 90 großen Veruschka von Lehndorff den «Look» der Sechziger bestimmten.

Die Musik der Beatles lag inzwischen überall in der Luft, ob es sich um den beschwingten, mitreißenden Rhythmus von Singles wie «We Can Work It Out» oder «Paperback Writer» oder um die eingängigen Melodien und melancholischen Texte von Lennons «Nowhere Man» und McCartneys «Eleanor Rigby» handelte. Seit ihrer LP *Revolver* und mehr noch seit «Strawberry Fields» von Februar 1967 hatten sie ihre musikalischen Mittel deutlich erweitert und die Grenze zwischen Pop und Kunst verwischt. Gleichzeitig waren sie zum Inbegriff von Mode und neuartiger Popmusik, zu einem Teil der sich verjüngenden Kultur geworden.

Dies betone ich deshalb, weil es für alles, was als nächstes vor allem mit John Lennon geschieht, eine wichtige Rolle spielt. Erstens kamen ausgerechnet zur Zeit ihres größten Triumphes Gerüchte um eine bevorstehende Trennung der Beatles auf. Etwa um die Zeit, als Lennon Yoko kennenlernte (manchen Berichten zufolge sogar am selben Tag), hatte McCartney einen glücklicherweise nicht sehr schlimmen Unfall mit dem Moped. Fünf Tage später mußte Brian Epstein die Behauptung der Presse dementieren, die Beatles hätten sich getrennt, denn sie waren seit dem Fiasko ihrer letzten USA-Tournee nicht mehr zusammen gesehen worden. Schlimmer war, daß die meisten Beatles-Fans davon überzeugt waren, McCartney sei ums Leben gekommen und durch ein Double ersetzt worden.

Zweitens waren die guten Zeiten dabei, sich zwar nicht gerade zu schlechten, aber politisiert-kämpferischen Zeiten einerseits und drogenverhangenen «Ausflipp»-Zeiten andererseits zu entwickeln. Das scheinbar unschuldig begonnene Jahrzehnt, das von den Songs der Beatles regelrecht aufgemischt worden war – «Ihre dreiminütigen Offenbarungen waren ... das Maß, mit dem die Zeit in den frühen sechziger Jahren gemessen wurde», schrieb der Theaterkritiker John Lahr 1981 –, wurde zunehmend von Jugendprotesten einerseits und von der Verschärfung des Vietnamkriegs andererseits geprägt.

Lennon hatte (wie die meisten Berichte bestätigen) in Amerika bereits einen Vorgeschmack auf die veränderte Zeit gegeben. Am Ende der anstrengenden Pressekonferenz in Chicago am 12. August, bei der er praktisch gezwungen wurde, sich öffentlich für seinen «Jesus»-Fauxpas zu entschuldigen, brachte er seine Abscheu gegen Amerikas Engagement im Vietnamkrieg zum Ausdruck. Seine Bemerkung wurde nicht aufgegriffen, da die Journalisten offenbar bereits zufrieden ihre Mikrofone abschalteten, nachdem sie Lennons Entschuldigung im Kasten oder auf ihren Notizblöcken hatten. Es ist immer noch umstritten, ob Lennon bei dieser Pressekonferenz überhaupt etwas zu Vietnam gesagt hat, wie Ray Coleman (in *John Lennon,* 1985) und Peter Brown (in *The Love You Make,* 1983) behaupten.

Glaubt man Philip Norman (in *Shout! Die wahre Geschichte der Beatles,* 1981), so ist Lennons Bemerkung erst später gefallen, nämlich als die amerikanische Plattenfirma eine umstrittene Plattenhülle für einen Sampler mit dem Titel *Yesterday and Today* zurückzog: ein Foto von vier grinsenden Beatles in weißen Ärztekitteln, übersät mit rohen Fleischstücken und blutbeschmierten Teilen von Babypuppen. Nachdem amerikanische Sendestationen massenweise gegen das Cover protestiert hatten, wurde es durch ein harmloses Gruppenfoto ersetzt. Lennon kommentierte, daß das ursprüngliche Bild «so relevant wie Vietnam» gewesen sei. Die *New York Times* berichtete von der dortigen Pressekonferenz am 22. August 1966, die Beatles hätten auf die Frage, wie sie zum Vietnamkrieg stünden, geantwortet (im Chor): «Wir mögen keinen Krieg», und Lennon habe hinzugefügt: «Wir sind nicht damit einverstanden. Wir halten ihn für falsch.»

Wie immer es gewesen sein mag, in dem Bewußtsein, daß alles, was sie von sich gaben, veröffentlicht wurde, hatten die Beatles (und es spielt eigentlich keine Rolle, welcher einzelne der Band) ihren Standpunkt zu einem der international umstrittensten und heißesten Themen der Zeit klargestellt. Und dies war für die Fabulous Four ein Schritt, ihre erste politische öffentliche Stellungnahme. Von Politikern, Schriftstellern und den überall entstehenden Jugend- und Studentenprotesten erwartete man schon, daß sie sich zum Thema Vietnam äußerten – aber von einer Pop-Gruppe? Bis dahin hatten nur Bob Dylan und Joan Baez mit Liedern und öffentlichen Statements gesagt, was sie davon hielten, die Beatles waren also unter den ersten.

Der Vietnamkrieg war zunehmend Thema geworden. Einen Monat vor der Veröffentlichung von *Revolver* wurden einunddreißig Demonstranten vor der amerikanischen Botschaft am Londoner Grosvenor Square festgenommen. John F. Kennedy hatte die USA bereits 1961 in den Konflikt zwischen Nord- und Südvietnam geführt. Sein Ziel war es, die Interessen der USA im Süden Vietnams gegen die kommunistische Bedrohung aus dem Norden durchzusetzen. Bis August 1965 hatte die Regierung Lyndon B. Johnsons mit dem Argument, Amerika müsse einen «Domino-Effekt» verhindern – nämlich die Ausbreitung des Kommunismus über das gesamte asiatische Gebiet und darüber hinaus – 125 000 Soldaten nach Südostasien entsendet. Bis zum Ende des darauffolgenden Jahres war ihre Zahl auf 400 000 erhöht worden.

Die massive Bombardierung Nordvietnams, einschließlich Hanois und Haiphongs sowie der demilitarisierten Zone zwischen Norden und Süden, Mitte 1966 und der hemmungslose Einsatz von Napalm führten schnell dazu, daß dies die unpopulärste militärische Operation in der Geschichte der Vereinigten Staaten wurde. Die Gefallenen, die in «body bags» in die Heimat zurücktransportiert wurden, ebenso wie die Scharen von sehr jungen Kriegsveteranen mit bleibenden Kriegsverletzungen, würden unweigerlich die Frage aufwerfen, warum sie sich hatten opfern müssen. Seit die ersten kleinen Gruppen von Vietnamheimkehrern in öffentlichen Aktionen vor dem Weißen Haus ihre Auszeichnungen aufs Pflaster warfen, kamen Zweifel auf am Sinn dieses Krieges. Das Thema beherrschte zeitweise Demonstrationen und Kundgebungen in den USA wie in Europa – bis unter dem Druck der Öffentlichkeit Richard Nixon 1969 begann, die Truppen in Vietnam zu reduzieren.

Gleichzeitig hatte der sinnlose und grausame Tod von Tausenden vietnamesischer Zivilisten die Geduld der Menschen im Rest der Welt bis aufs äußerste strapaziert. Mit einemmal waren die USA in die Rolle des «Bad Guy» und auf die Seite der Verlierer geraten – sehr zum Verdruß all jener, die sich gern in der Siegerpose sonnten, die die USA 1945 in Europa ausgezeichnet hatte.

Mitte der sechziger Jahre wurde der Militäreinsatz in Vietnam noch nirgendwo offiziell als «Krieg» bezeichnet. Man sprach immer noch von einer Operation, die dazu diente, «die kommunistische Rebellion niederzuwerfen». Seit der Tet-Offensive im Februar 1968 jedoch und nachdem die ganze Welt auf dem Bildschirm hatte verfolgen können, wie die amerikanischen Streitkräfte darauf reagierten – nämlich mit äußerster Brutalität (das My-Lai-Massaker fand im März 1968 statt, allerdings dauerte es über ein Jahr, bis die Weltöffentlichkeit erfuhr, was sich dort zugetragen hatte) –, stand fest, daß dies mehr mit Völkermord als mit Krieg zu tun hatte. Eine große Öffentlichkeit war geneigt, zu protestieren und eine Beendigung dieses Krieges zu fordern, denn es schien durchaus, als würden die Greuel, die in Vietnam begangen wurden, gleichzeitig im Namen der freien Welt verübt.

Anfang 1967 veröffentlichten 100 britische Parlamentsabgeordnete der Labour-Partei ein Papier, in dem sie die von den amerikanischen Streitkräften durchgeführten Flächenbombardements verurteilten: Auf dem Höhepunkt des Luftkriegs Anfang 1966 wurden täglich 164 Angriffe auf Nordvietnam geflogen. Im April 1967 demonstrierten fast eine halbe Million Menschen vor dem UN-Gebäude in New York gegen den Vietnamkrieg. Im Mai versammelten sich Tausende auf dem Trafalgar Square in London zu einer friedlichen Demonstration.

Doch der Krieg wütete weiter, während die Friedensbewegung immer mehr öffentliches Aufsehen erregte: Im Oktober wurden die Sängerin Joan Baez und der Schriftsteller Norman Mailer bei zwei verschiedenen Friedensdemonstrationen an der Ost- und der Westküste Amerikas verhaftet. Am 31. Dezember 1967 schickte Ho Tschi Minh, der kommunistische Führer Nordvietnams, Neujahrsgrüße an die Wortführer der amerikanischen Friedensdemonstranten. Im Weißen Haus und im Pentagon reagierte man mit Abscheu. Die weltweit aufkeimende Anti-Kriegs-Bewegung hätte sich keine heftigere Ohrfeige für die amerikanischen Kriegsherren wünschen können. Aber die Ohrfeige setzte dem Blutbad kein Ende.

Mehr als eine Prise Pfeffer

Für viele war das wichtigste Ereignis des Jahres 1967 aber keine der oben beschriebenen Friedensaktionen gewesen, sondern der Kauf einer Langspielplatte. 1967 war das Pepper-Jahr.

Philip Norman hat den Moment treffend beschrieben:

> Die, die in den sechziger Jahren heranwuchsen und diese Dekade so farbig gestalteten, erinnern sich vor allem an das Jahr 1967. Für sie ist es nicht, wie für manche Historiker, der Zeitpunkt, an dem die Zivilisation begann, langsam wieder in finsteres Mittelalter zurückzufallen, sondern der Augenblick in der Geschichte, in dem die strahlende Unbekümmertheit ihrer Jugend ihren Höhepunkt erreichte. 1967 mag auch das Jahr von Napalm und plötzlichem Tod gewesen sein: für eine ganze Generation war es aber vor allem das Jahr von «Love», «Peace» und «Flower Power». Es gibt immer noch Tausende, die seine Relikte in sich bewahrt haben, die damals real scheinenden utopischen Losungen aussprechen, der Epoche nachtrauern, in der sie sich «Beautiful People» nannten. An und für sich war 1967 kein schönes Jahr, ganz sicher nicht in Vietnam. (...) Die Welt glaubte nicht mehr an aufrichtige junge Amerikaner, die die Menschheit vor dem Kommunismus bewahren, sondern sah schwerbewaffnete Hubschrauber, die Dörfer aus Strohhütten angreifen, zarte, anmutige Frauen, die ihre verbrannten Kinder beweinen, das Kind, das nackt und hilflos auf einer Straße zwischen Reisfeldern auf eine Artilleriestellung zuirrt.

Norman betont zu Recht die geradezu absurde Gleichzeitigkeit von Massakern, napalmverwundeten Kindern, Jugendlichen und Alten auf der einen Seite des Globus und den Mantra-trunkenen, den Frieden beschwörenden Flower-Power-Jugendlichen auf der anderen. Wenn *Sgt. Pepper's Lonely Hearts Club Band*, wie immer wieder behauptet wird, irgendeine historische Bedeutung hat, dann ist dies der Schlüssel zu ihrem Verständnis.

Vietnam, das schon bald die Bildschirme der Welt beherrschte, war eine Version der Apokalypse. Diese Katastrophe in Südostasien stand stellvertretend für alles, was plötzlich überall auf der Welt schiefging. In Großbritannien, den USA und bald darauf auch in Frankreich und Deutschland politisierten sich viele «Blumenkinder» sowie andere Jugendliche und Studenten und brachten mit ihren Demonstrationen, Sit-ins, Teach-ins usw. die Institutionen, politischen Gewißheiten, die militärische Macht und einen Großteil der Errungenschaften des westlichen Establishment ins Wanken und unter Rechtfertigungsdruck. Die sechziger Jahre, die mit einem Traum begonnnen hatten, schienen – so wie die Reaktion der Institutionen vielfach aussah – dazu bestimmt, in einem Alptraum zu enden.

Gleichzeitig waren die demonstrierenden «Unruhestifter» wie auch die Hippies, Hare-Krishna-Anhänger und Indien-Fahrer fest entschlossen, als jugendliche Gegenkultur ihre Freiräume – Teestuben, erste «Kommunen», Treffpunkte und Musikveranstaltungen in vielen Formen an verschiedenen Orten, Bücherstuben und gemeinsame Aktionen – zu bewahren und zu erweitern. Dahinein priselten die Beatles mit ihrer *Sgt. Pepper*-LP den Pfeffer eines neuen «Sound», neuer Hintergrundgeräusche und schriller Texte, die etwas Poetisches ausstrahlten und gleichzeitig verwirrend wirkten: «the girl with kaleidoscope eyes», ein Mann namens Kite und viertausend Schlaglöcher in einer Straße in Blackburn, Lancashire. Als Krönung des Ganzen konnten am 25. Juni

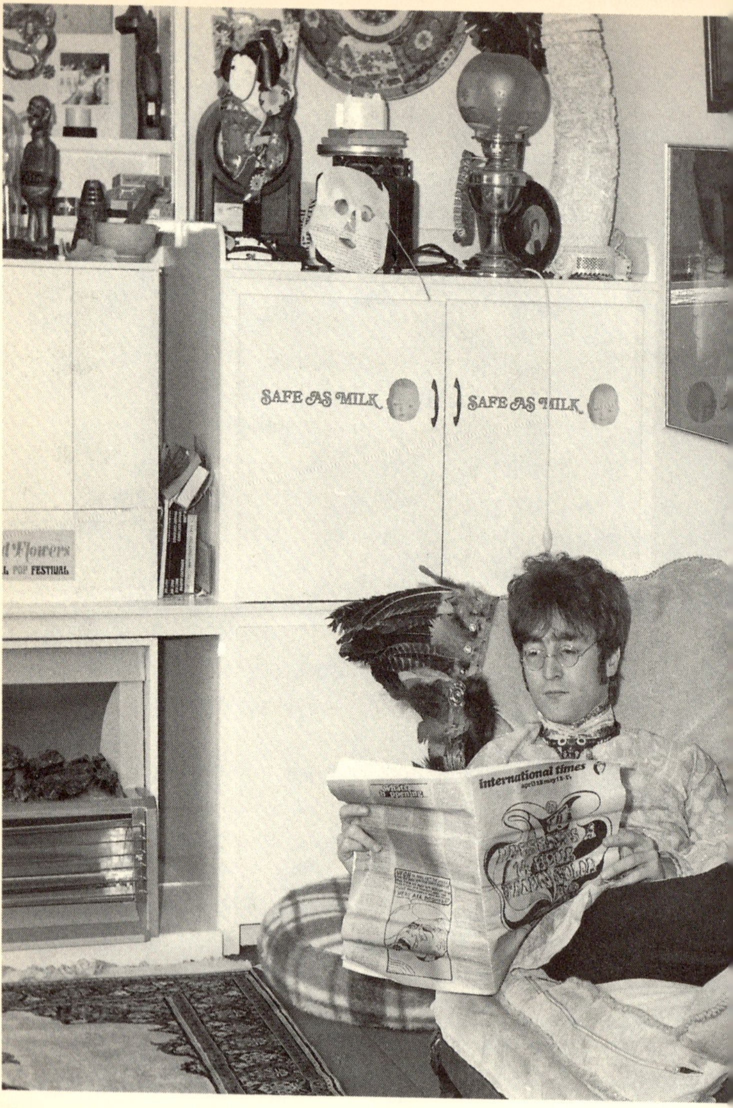

1967 in Kenwood, in dem alten Herrenhaus in Surrey, das John Lennon zu dieser Zeit noch mit Cynthia und Julian teilte, vertrieb er sich die freie Zeit mit Fernsehen, Zeitunglesen und Drogen.

vierhundert Millionen Menschen live auf dem Fernsehschirm zuschauen und -hören, was die immer noch führende Popgruppe des Westens zu sagen hatte: Die Hymne «All You Need Is Love», die sie zur Eröffnung des internationalen Satellitenfernsehens sangen, war das Sahnehäubchen auf dem vielschichtigen, barocken, naiv hoffnungsvollen und hoffnungmachenden Kuchen *Sgt. Pepper*. Hoffnungsvoll auch in bezug auf die Beatles selbst, denn die Arbeit an dem Album hielt die vier zusammen, als alle Zeichen auf Trennung standen.

Lennon war das ganze Jahr 1967 bis Mitte 1968 häufig auf LSD-Trips. Auf dem berühmten Foto, das während der Aufnahme-Session zu *Sgt. Pepper* gemacht wurde, sitzt er neben einem Mischpult, unter den wohlwollenden Augen von George Martin: eine Narzisse im Knopfloch, mit der rechten Hand den kleinen Finger der linken umklammernd – das ernste, bärtige Gesicht ein Abbild rauschhafter Konzentration. Wahrscheinlich hört er gerade die Aufnahmen einiger der unvergeßlichsten Klangbilder der Popmusik: «Lucy in the Sky with Diamonds», «Being for the Benefit of Mr. Kite», «A Day in the Life» – Songs, die auf wundersame Weise alle mehr oder weniger von etwas handeln, das Lennon auf seinen Trips erlebt hat.

Ein anderes Foto, das um dieselbe Zeit aufgenommen wurde, setzt das von Lennon in einen Kontext: Paul McCartney sitzt am Klavier, in seinem Gesicht ein Ausdruck zufriedenen Erfindungsgeistes. George Martin, rechts neben ihm, Zigarette in der Hand, findet offenbar Gefallen an Pauls Melodie oder an seinen Akkorden. Obwohl er nur im Profil zu sehen ist, deutet sich unter seinem dichten Bart ein Lächeln an. Er weiß, daß er Talente besitzt, daß ihm die Ideen nicht so schnell ausgehen. Was damals nicht offensichtlich war, schon gar nicht für die Anhänger, ist die Tatsache, daß Lennon und McCartney sich zu zwei völlig unterschiedlichen musikalischen Persönlichkeiten entwickelt hatten. Sie hatten sich auseinandergelebt. Diese beiden Fotos lassen keinen Zweifel daran.

Sgt. Pepper war McCartneys Idee. Die drei Beiträge, die von Lennon stammen, verleihen der Platte ihre visionäre Schärfe, ihre exotische Poesie; doch das Konzept der Phantasie-Band und ein Großteil der Begleitmusik, die *Struktur* der Platte, stammen von McCartney. 1969 sollte es ihm noch einmal gelingen, seine drei Freunde wieder zusammenzubringen, um die Idee der zusammenhängenden Komposition mit Einzelsongs noch stärker zu einem gelungenen großen Bogen zu spannen: mit der LP *Abbey Road*, die von vielen für die beste der Gruppe gehalten wird.

Aber was war außer diesem Auseinanderdriften der Lennon-McCartney-Einheit zwischen Juni 1967 und Anfang 1969 geschehen, das die Beatles auseinanderbrachte? Schon auf dem Album *Revolver* hatten Lennon und McCartney deutlich zum Ausdruck gebracht, in welche musikalische Richtungen sie tendierten. Genau dasselbe gilt für *Sgt. Pepper*. Denn das Geniale an diesen beiden LPs liegt darin, daß die Klangwelt der Beatles als Gruppe um so vollkommener und erregender wird, je ausgeprägter der individuelle Stil von Lennon und McCartney sich manifestiert. Dies änderte sich völlig, als 1968 das «Weiße Album» entstand.

Zum Hintergrund für diese Entwicklung gehören drei weitere Faktoren. Erstens George Harrisons erstaunliche Entwicklung als Songwriter, die den Beatles zwar nicht schadete, die jedoch neben den ausgeprägten individuellen Ambitionen von Lennon und McCartney eine Belastung für das ehemals fast symbiotische Verhältnis der Bandmitglieder untereinander darstellte; zweitens John Lennons wachsendes Interesse an politischen Aktionen und künstlerischen Möglichkeiten, die mit den Beatles nichts mehr zu tun hatten (was teilweise in seinen Beiträgen für das «Weiße Album» *The Beatles* zum Ausdruck kommt); und drittens Paul McCartneys verbissene Entschlossenheit, die Gruppe zusammenzuhalten und sie vielleicht wieder dazu zu bringen, live aufzutreten. Mit diesem Ansinnen stieß er auf den ebenso verbissenen Widerstand von Lennon wie von Harrison – vor allem von Harrison, der keine Gelegenheit ausließ, deutlich zu machen, daß er eigentlich nicht mehr zu den Beatles gehören wollte, und immer wieder mit seinem Austritt aus der Band drohte.

Nach *Sgt. Pepper* schienen die Beatles als Gruppe ihre Richtung verloren zu haben, wobei der Selbstmord ihres Managers Brian Epstein im August 1967 alle vier zusätzlich erschütterte. Die Musik, die sie in der träumerischen, drogengesättigten Zeit vor ihrer Indienreise im Februar 1968 aufnahmen, ließ bei vielen Fans den Eindruck entstehen, aus irgendeinem Grund fiele den Beatles nicht mehr viel Neues ein. Sie schienen an ihr Ende gekommen zu sein. Am 11. Februar 1968 hatte Lennon etwas zugelassen, das keiner der Gruppe während der Zeit, als ihre neun Alben entstanden, jemals gewagt hätte: Als sie den Song «Hey Bulldog» aufnahmen, war Johns neue Freundin während der Session anwesend. Und er brachte sie nicht nur für die ganze Zeit der Arbeit an den beiden LPs bis Ende 1968 regelmäßig mit ins Studio in der Abbey Road, sondern er schrieb ein Stück für das neue «Weiße Album» – «Julia» –, in dem zum erstenmal der Name einer Beatles-Freundin genannt wurde: Ocean Child, die Bedeutung von «Yoko». Und da war sie nun, eine kleine, zierliche asiatische Gestalt, ganz in Schwarz gekleidet, hockte in einer Ecke neben den Verstärkern und tuschelte und kicherte mit John über «bags».

Als die Fab Four nach ihrer Rückkehr aus dem Himalaya von Maharishi Mahesh Yogi am 30. Mai in Harrisons Bungalow zusammenkamen, waren sie dem Namen nach zwar immer noch die Beatles, doch sie hatten neue Bedürfnisse und neue Ziele. George Martin begriff es sofort: «Das ‹Weiße Album› war schon etwas komisch», sagte er 1993, «vor allem, weil sie bei ihrer Rückkehr aus Indien alle jede Menge Stücke mitbrachten, die sie aufnehmen wollten. Und sie wollten sie alle gleichzeitig herausbringen. Sie waren keine Gruppe mehr, sondern hatten sich zu vier individuellen Musikern entwickelt, die mit Hilfe anderer Musiker ihre eigenen Stücke aufnehmen wollten.»

Here, There and Everywhere

An jenem Abend im November 1966 bei Indica hatte Yoko Ono eine Schwachstelle in John Lennons Rüstung entdeckt. Er war immer schon taktlos und sarkastisch gewesen, ein herber Spaßvogel. Ebenso konnte er ein knallharter Chauvi sein, und er hatte sich während seiner bisherigen Rockmusikerkarriere genauso sexsüchtig aufgeführt, wie alle Eltern immer befürchtet hatten. Die anderen Beatles standen ihm in diesem Punkt allerdings in nichts nach.

Aber nur ein eingefleischter Lennon-Hasser würde bestreiten, daß von nun an eine weichere Seite seines Wesens Eingang in seine Musik fand: «Dear Prudence», «Cry Baby Cry», die ersten Takte von «Happiness Is a Warm Gun» und vor allem «Julia», die sich alle auf dem «Weißen Album» finden, lassen spüren, daß John Lennon sein Herz entdeckt hatte. Frühere Songs, vor allem «If I Fell», «Girl» und «In My Life», sind deutliche Vorboten von Lennons aufkeimender Romantik.

Als Yoko 1980 ihre erste Begegnung mit John beschrieb, schilderte sie diese Seite an ihm:

«... der erste Eindruck, den ich von ihm hatte, war: Er sah gut aus, und ich fand ihn nett und sensibel. Jedenfalls wußte ich nichts von diesem Macho-Trip, auf dem sie alle (die Beatles) waren. Es war eine echte Überraschung ... Aber er sah wirklich gut aus und irgendwie ... In gewisser Weise repräsentierten sie aber auch die weibliche Seite der Gesellschaft.»

Yoko hatte recht, vielleicht mehr als ihr bewußt war: die Musik und das Image der Beatles hatten tatsächlich auch etwas «Weibliches». Mit ihrem langen Haar, das inmitten einer zackigen, kurzgeschorenen Männerkultur zu Beginn der Sechziger wirkte wie eine Aufmachung von einem anderen Planeten, zogen sie damals nicht zufällig zuerst Spott und Aggression auf sich. Gleichzeitig waren sie ziemlich normal, fast spießig, in kleinbürgerlichen oder proletarischen Verhältnissen aufgewachsen und hatten in bezug auf Frauen nicht den Hauch einer von der Konvention abweichenden Vorstellung. Frauen waren entweder anständige Hausfrauen – wie ihre Mütter und Tanten in Liverpool – oder College-Bienen, die man flachlegte, oder unerreichbare Models und Schauspielerinnen wie Brigitte Bardot. Als die Beatles zwischen 1964 und 1965 Weltruhm erlangt und auf der Höhe ihrer Karriere angekommen waren, kauften sie Häuser für ihre Mütter und Tanten, und die «Bienen» waren jetzt Groupies, die in jeder Stadt, in die sie auf ihren Tourneen kamen, Schlange standen, um eine Nacht im Bett eines Beatle zu verbringen. Sogar die Pin-ups waren mittlerweile in greifbare Nähe gerückt: McCartney war mit einer Schauspielerin und Harrison mit einem Fotomodell liiert.

Doch trotz ihres «Macho-Trips», wie Yoko sich ausdrückte, waren die Beatles in den Augen der Öffentlichkeit immer noch die freundlichen, eher sauberen Jungs, die wenigstens auch Liebeslieder sangen und für Frieden waren. Was im Kontrast zur gleichzeitig aufgeblühten Popkultur mit Bands wie The Who, dem laut protestierenden Bob Dylan, aber vor allem den Machos par excellence, den Rolling Stones, relativ vertrauenerweckend wirkte.

Simon Reynolds und Joy Press betrachteten das Phänomen aus soziologischer Sicht (in *The Sex Revolts*, 1995): «Der Gegensatz Beatles/Stones festigte die Kluft zwischen Pop und Rock: zwischen herausgeputzten Stars und schmuddeligen Außenseitern, zwischen Romantik und rohem Sex.»

Romantik oder nicht, die Frauen der Beatles hatten sich im Hintergrund zu halten und neben den Superstars, mit denen sie verheiratet waren, die zweite Geige zu spielen. Mit dieser Rolle war Jane Asher alles andere als zufrieden. Kurz nachdem sie und Paul McCartney im Frühjahr 1968 aus Indien zurückgekehrt waren, ging ihre Beziehung in die Brüche. Lennons Frau Cynthia Powell, seit 1962 mit ihm verheiratet, hielt von allen Beatles-Ehefrauen am längsten durch. Als John ihr auf dem Rückflug von Indien genüßlich die Liste der Frauen auftischte, mit denen er sie seit den frühen Erfolgen der Beatles betrogen hatte, wurde ihr endgültig klar, wie sehr er sich von ihr entfremdet hatte und wie stark sein Bedürfnis war, sie noch weiter von sich fortzutreiben.

Ob Yoko Ono sich ebenfalls auf dieser Liste befand, läßt sich nicht mehr klären ... Jedenfalls begegneten die beiden sich erneut bei der Vernissage einer Claes-Oldenburg-Ausstellung in London, Mitte 1967 (wie Lennon sich 1980 erinnerte), wo eine Menge Objekte ausgestellt wurden wie «Cheeseburger aus Plastik und anderer Müll». An anderer Stelle erinnert er sich: «Wir waren sehr zurückhaltend, nickten uns zu und wußten nicht ... Sie stand hinter mir, und ich schaute weg, denn ich bin sehr schüchtern, besonders Frauen gegenüber. Wir lächelten nur ein bißchen und standen wie nebeneinander festgewachsen auf dieser Cocktailparty herum.»

Während des Jahres 1967 war Yoko die meiste Zeit mit ihren künstlerischen Projekten beschäftigt – hauptsächlich mit der Arbeit an Filmen. Sie war zu Anfang des Jahres in eine Wohnung in Regent's Park in London gezogen und versuchte, wenigstens nach außen hin, ihre Ehe mit Cox aufrechtzuerhalten. Gleichzeitig schickte sie Lennon immer wieder Briefe und Karten – «Dance», «Breathe», «Watch all the lights until dawn» – sowie eine Ausgabe von *Grapefruit* nach Weybridge. Hin und wieder bat sie ihn in ihren Schreiben auch um finanzielle Unterstützung für ihre Projekte.

«... und dann kam sie zu mir und bat mich um finanzielle Unterstützung für eine Ausstellung – es war die ‹Half a

John Lennon 1968 in Indien. Während der Zeit bei dem Maharishi holte er jeden Tag frühmorgens einen Brief von Yoko bei der Poststation ab.

Wind›-Ausstellung. Ich gab ihr das Geld. Die Ausstellung fand in der Lisson Gallery statt, das war auch so ein Underground-Schuppen. Bei ‹Half a Wind› war alles halbiert: Es gab ein halbes Bett, ein halbes Zimmer, von allem die Hälfte, schön sauber halbiert, und alles weiß angemalt.»

Diese Ausstellung – die Yoko tatsächlich «Half a Wind» nannte – wurde im Oktober 1967 eröffnet und zeigte unter anderem eine leere Flasche (Preis: 200 Pfund) mit dem Titel «Flötenlied für John». Lennon bezeichnete die Ausstellung als seinen «ersten öffentlichen Auftritt» zusammen mit Yoko, obwohl er später immer behauptete, er sei nie dort gewesen. Nun begann Yoko, regelmäßig in Kenwood anzurufen, und zwar so regelmäßig, daß die Nummer geändert werden mußte. Doch von da an, so berichtete Dan Richter, der John Dunbar von der Indica Gallery mit Yoko bekannt machte und Nachbar der Eheleute Cox war, begann Lennon auf Yokos Avancen zu reagieren und sie in ihrer Wohnung in Regent's Park zu besuchen, häufig auch wenn Tony und andere anwesend waren. Yoko hatte ein offenes Haus für Avantgarde-Künstler aller Art, und wahrscheinlich war ihr bewußt, daß dieser sarkastische, stets bekiffte Popstar sich unwiderstehlich von ihr, ihrer seltsamen Welt, ihren Aussprüchen und ihrem subversiven Sinn für Humor angezogen fühlte.

Sie hatte Lennon nachhaltig beeindruckt. Man bekommt eine Vorstellung davon, wie Yoko während des Jahres 1967 immer wieder in John Lennons Leben auftauchte, wenn man sich an die allgegenwärtige und zugleich unpassende Präsenz von Woody Allens Zelig in großen historischen Augenblicken erinnert. Einmal sprang sie in Lennons in psychedelischen Farben angemalten Rolls-Royce, nachdem die Beatles im August 1967 im Londoner Hilton ihre erste Meditationssitzung bei dem Maharishi beendet hatten. Als parodierte sie den Traum jedes Beatles-Fans, quetschte Yoko sich auf den Rücksitz zwischen John und Cynthia, die beide zu verblüfft waren, um zu protestieren. Yoko bat dann lediglich darum, vor ihrer Wohnung abgesetzt zu werden.

Sie fing sogar an, sich – zusammen mit der üblichen Traube weiblicher Beatles-Fans – vor Lennons Haus in Kenwood herumzutreiben. Manchmal soll sie, wie Peter Brown sich erinnert, vor dem Tor zu Johns Villa gestanden haben, «vom frühen Morgen bis zum späten Abend, bei jedem Wetter, immer in demselben verschlissenen schwarzen Sweater und den abgetragenen Schuhen, und hat so durchdringend zum Haus hinübergestarrt, daß Dorothy Jarlett, Johns Haushälterin, sich nicht vor die Tür traute». Bei einer anderen Gelegenheit gelang es Yoko, nachdem sie das Mitleid von Lillian (Cynthias Mutter, die häufig in Kenwood war, um sich um Julian zu kümmern), erweckt hatte, ins Haus vorzudringen. Sie nutzte die Gelegenheit und hinterließ dem zusehends faszinierten Beatle einen Ring, den sie am nächsten Tag als Vorwand benutzte, um noch einmal zurückzukommen. Entgegen Albert Goldmans schlüpfrigen Spekulationen ist es jedoch unwahrscheinlich, daß Yoko zu diesem Zeitpunkt auch nur in die Nähe von John Lennons Schlafzimmer gelangte.

Wie wir wissen, war für Lennon das Jahr 1967 von *Sgt. Pepper* und LSD bestimmt, im letzten Drittel auch von den «Lehren» des Maharishi und der Arbeit an *Magical Mystery Tour*. Anfang 1968, als er mit Cynthia in Indien weilte, schlich er sich jeden Morgen aus dem Schlafzimmer, um die Briefe entgegenzunehmen, die Yoko ihm aus London schickte. «Ich bin eine Wolke. Halte Ausschau nach mir, dann wirst du mich am Himmel sehen», lautete eine Nachricht im Stil von *Grapefruit*. Nach ihrer Rückkehr schliefen die Lennons in getrennten Schlafzimmern, und John wurde von Tag zu Tag in sich gekehrter, launischer und verschlossener.

Inzwischen hatten in London sowohl die Aufnahmen für das «Weiße Album» als auch die Vorbereitungen für das neue Unternehmen der Beatles, ihre Firma Apple, begonnen. An-

Symbiose zwischen 1968 und 69: Viele Berichte vermerkten, wie sehr John und Yoko auf dem Höhepunkt ihrer Liebesaffäre (und ihres Heroinkonsums) sich ähnlich sahen. Sie war nun wichtiger für ihn als die Beatles.

fang Mai 1968 flogen Lennon und McCartney nach New York, um im Fernsehen die Gründung von Apple Corps Ltd. anzukündigen. Die Firma würde künftig die Beatles-Schallplatten pressen und vertreiben, außerdem junge Pop-Talente fördern («Schickt uns eure Demokassetten»), ebenso war an eine Boutiquen-Kette für Kleidung, die «in» sein sollte, gedacht sowie an eine Elektronik-Abteilung. Die Beatles engagierten viele Freunde bei Apple, hielten sich jedoch aus der Firmenführung heraus. Diese Aufgabe überließen sie Derek Taylor, einem ehemaligen Steuerberater von Brian Epstein. Schließlich überredete Lennon Cynthia, zusammen mit Jenny Boyd (Patti Harrisons Schwester) und Alexis Mardas («Magic Alex»), einem Elektronik-Tüftler, mit dem die Beatles, vor allem Lennon, sich angefreundet hatten, in Urlaub zu fahren.

Während Cynthias Abwesenheit brachte John den Mut auf, Yoko offiziell zu einem Besuch in Kenwood einzuladen. Nachdem er zusammen mit Pete Shotton, einem alten Freund aus Liverpool, tagelang im LSD-Rausch in der Gegend herumgezogen war – wobei er zwischendurch mit Brigitte Bardot zusammentraf und schließlich mit den anderen Beatles, denen er erklärte, er sei «Jesus» –, landeten die beiden bald wieder in Surrey in Johns Villa und wußten nichts mit sich anzufangen. Am späten Abend des 18. Mai rief Lennon Yoko an und schickte Les Anthony anschließend mit dem Rolls-Royce nach London, um sie abzuholen. Wenige Stunden später traf Yoko in Kenwood ein, natürlich wie immer ganz in Schwarz gekleidet.

Eine Zeitlang leistete Shotton den beiden noch Gesellschaft, dann begab er sich ins Bett. Als er am nächsten Morgen aufstand, fand er Lennon beim Frühstück im Wintergarten vor. John bat ihn, ihm ein neues Haus zu besorgen. Wieso? fragte Shotton. «Ich will mit Yoko zusammenziehen», lautete die verblüffende Antwort.

Nachdem Shotton sich am Abend zuvor zurückgezogen hatte, war Lennon mit Yoko in sein Musikzimmer gegangen, ein Dachzimmer, wo zwei Tonbandgeräte standen, die er benutzte, um neue Songs auszuprobieren. Sie hatten beide LSD genommen und waren schon bald auf Trip. Stundenlang saßen sie in dem Zimmer, wo Lennon mit den Bändern herumspielte, Quietschtöne erzeugte und Klänge verzerrte, während Yoko, laut Goldman, vor einem Mikrofon ihre «üblichen Geräusche» machte. Später entstand aus diesen Bändern ihre erste gemeinsame LP, die sie unter dem Titel *Unfinished Music No. 1 – Two Virgins* gleich nach dem «Weißen Album» herausbrachten. Als es zu dämmern begann, kletterten der Beatle und die Konzept-Künstlerin zusammen ins Bett und liebten sich.

Es war die fleischgewordene Begegnung zwischen der Popkultur und der Gegenkultur jener Zeit. In den kommenden Jahren sollte die Öffentlichkeit noch einiges davon zu sehen und zu hören bekommen. Für Yoko erfüllte sich damit ein unausgesprochener Wunsch, der schon bei ihrer ersten Begegnung in der Indica Gallery entstanden war. Sie war endlich angekommen in einem Land, über das sie noch zwei Jahre zuvor so gut wie nichts gewußt hatte und das sich immer noch schwertat, sie zu akzeptieren. Sie hatte ihren Beatle bekommen – wovon Millionen Frauen träumten –, aber auch einen Mann, der ihr intellektuell ebenbürtig war. Er schätzte ihre Kunst und ihren subversiven Humor, und sie ließ sich, im Gegensatz zu fast allen, die Lennon kannten, einschließlich der anderen drei Beatles, von ihm nicht einschüchtern. Daß sie sich von ihm angezogen fühlte, erübrigt sich zu erwähnen.

John hat rückblickend immer wieder betont, welchen starken Eindruck Yoko von Anfang an auf ihn gemacht hat. Zweifellos war er manchmal von ihren befremdlichen Annäherungen irritiert – ihren lakonischen Karten, den kryptischen Botschaften –, aber sie stießen ihn nicht ab. War er anfänglich nur neugierig gewesen, so begann er schließlich, sie zu unterstützen (wie bei ihrer Ausstellung «Half a

Wind»). Und bei seinem Hunger nach Neuem war schon bald wohl auch sein sexuelles Interesse geweckt. Yoko Ono war die Person von dem Format, die John Lennon brauchte, um aus seinem Beatles-Trott herauszukommen und zu neuen künstlerischen Aktivitäten aufzubrechen. Seine künftigen Musikstücke und Aktionen sollten von da an geprägt sein von seinem Erleben als Liebhaber (oft bis zur Peinlichkeit – aber gerade auch diese Grenzen wurden in den Sechzigern willentlich und genüßlich so vielfach überschritten, daß andere Einstellungen zu Sexualität und Intimität möglich wurden). Und sie sollten in Auseinandersetzung und häufig in Zusammenarbeit mit Yoko entstehen.

Daß Paul, George und Ringo von dieser Entwicklung alles andere als begeistert waren, wurde schon bald schmerzlich deutlich. Hätten sie gehört, was John an jenem Morgen in Kenwood zu Pete Shotton sagte, wäre ihre Trennung vielleicht schon vor Fertigstellung ihres «Weißen Albums» besiegelt worden. Lennon erklärte, er habe kein Interesse mehr an den Beatles, an seinem Geld oder an seinem Haus; wenn es sein müßte, würde er mit Yoko in einem «verdammten *Zelt*» hausen – was natürlich reines Wunschdenken war. Doch angesichts der völligen Isolation, in die das Paar schon bald geriet, der finanziellen Probleme, die die baldige Trennung der Beatles nach sich zog, und der Gefühle, die John in «Imagine», seinem berühmtesten Song aus der Nach-Beatles-Zeit, besingt, wirkt die Vorstellung von einem «Leben im Zelt» wie eine auf seltsame Weise passende Metapher für die Situation, die ihn und seine zukünftige Frau erwartete.

Cynthia wird abserviert

Wenige Tage nach der Vereinigung von John und Yoko traf Cynthia Lennon wieder in Kenwood ein. Die Szene ist mehrfach beschrieben worden, am eindrucksvollsten, wenn auch etwas melodramatisch, von Peter Brown (in *The Love You Make*), einem von Epsteins Mitarbeitern aus der ersten Zeit und seit 1968 Betreuer und Angestellter der Beatles:

> Als Cynthia Lennon an einem warmen, sonnigen Nachmittag im Mai 1968 von einem vierzehntägigen Urlaub in Griechenland zurückkehrte und ihren Mann und die zierliche Japanerin im Morgenrock am Frühstückstisch antraf, war sie sprachlos. Sie versuchte, einen geistreichen Kommentar abzugeben, doch als sie den Mund öffnete, um zu sprechen, bekam sie keine Luft. Nicht, daß sie so überrascht darüber gewesen wäre, daß es Yoko Ono war, aber die Situation wirkte so beiläufig, so grausam …
>
> John, im Morgenrock, stand ihr zugewandt, eine Tasse heißen Tee in der linken Hand und eine brennende Zigarette in der rechten. Yoko Ono saß mit dem Rücken zur Tür am Küchentisch. Sie machte sich nicht die Mühe, sich umzudrehen, doch Cynthia erkannte sie an ihrem dichten, langen schwarzen Haar. In der modernen weißen Einbauküche stand überall schmutziges Geschirr herum, dazwischen angegammelte Essensreste. Es sah aus, als wäre die Haushälterin seit Tagen nicht mehr dagewesen.
>
> Die Vorhänge waren zugezogen und das Licht gedämpft.
>
> «Oh, hi», sagte John lakonisch, um das Schweigen zu brechen. Er nippte in aller Ruhe an seinem Tee, während

Cynthia versuchte, in seinen Augen zu lesen. Er wirkte völlig stoned, als wäre er die ganze Nacht auf Trip und noch gar nicht im Bett gewesen. Eine ganze Weile verharrten sie alle reglos und schweigend.

Schließlich drehte Yoko sich zu Cynthia um. In ihrem Gesicht lag keine Spur eines verlegenen Lächelns, kein Anzeichen für eine Entschuldigung oder Erklärung ... Während Yoko sie anstarrte, fiel Cynthia plötzlich auf, daß sie nicht nur in einem Morgenmantel dasaß, sondern in *ihrem* Morgenmantel. «Oh, hi», sagte Yoko gelassen.

Während des darauffolgenden quälenden Schweigens breitete sich ein hämisches Grinsen auf Johns Gesicht aus. Da er offenbar vorhatte zu warten, bis sie als erste etwas sagte, reagierte sie auf die einzige ihr vertraute Weise, mit der sie den Wahnsinn mit den Beatles die ganzen Jahre über durchgestanden hatte – nämlich so, als wäre nichts Außergewöhnliches vorgefallen. In diesem surrealen Augenblick hörte sie sich plötzlich die Sätze rezitieren, die sie sich auf dem Rückflug zurechtgelegt hatte. Ihre Begleiter standen sprachlos hinter ihr in der Küchentür. «Wir haben uns überlegt, heute abend alle zusammen essen zu gehen», sagte Cynthia leise. «Wir haben in Griechenland gefrühstückt und in Rom zu Mittag gegessen, und da dachten wir, es wäre doch nett, wenn wir in London zu Abend essen würden. Habt ihr Lust mitzukommen?»

Im selben Augenblick tat es ihr auch schon leid, die Worte ausgesprochen zu haben. John starrte sie durchdringend an. Einen Augenblick lang hatte sie schreckliche Angst vor ihm, vor seiner messerscharfen Zunge, mit der er sie so gern attackierte. Sie hoffte, inständig, daß er sie vor Yoko nicht noch tiefer demütigen möge. Doch er murmelte nur: «Nein, danke.»

Sie drehte sich auf dem Absatz um und rannte aus der Küche. Sie lief von Zimmer zu Zimmer, um ein paar Sachen zu packen. Während Jenny und Magic Alex in der Diele auf sie warteten, lief sie die Treppe hinauf, durch den Flur und ins Schlafzimmer, einen Raum, halb so groß wie ein Tennisplatz mit Schränken von Wand zu Wand, vom Boden bis zur Decke, und einem zweieinhalb Meter breiten Bett, in dem sie zahllose Nächte lang gelegen und auf ihn gewartet hatte, nur um schließlich allein einzuschlafen. Auf dem Weg durch den Flur entdeckte sie Yoko Onos ausgetretene Schuhe, die ordentlich nebeneinander vor der Tür des Gästezimmers standen …

An jenem Abend blieb Cynthia, untröstlich und betrunken, bei Magic Alex und ging mit ihm ins Bett. Es war wohl eher ein Akt verzweifelter Selbstaufgabe als süßer Rache. Obwohl sie über Johns gefühlloses Verhalten frustriert und aufgebracht war, wollte sie doch nicht so leicht aufgeben. Ein paar Tage später stellte sie ihn in Kenwood zur Rede, und John war unverfroren genug, so zu tun, als sei zwischen ihnen wieder alles im Lot.

Die Familie Lennon hatte einen gemeinsamen Urlaub in Pesaro geplant, doch John würde leider nicht mitkommen können – er hatte zu arbeiten. In der Hoffnung, John würde wieder zur Besinnung kommen, ließ Cynthia sich abermals überreden, das Land mit Julian und Lillian im Schlepptau zu verlassen.

Yoko war inzwischen dabei, ihr Leben zu ändern, und bereitete sich mit Entschlossenheit darauf vor, in Lennons Leben zu treten. Sie leitete die endgültige Trennung von Anthony Cox ein und unterschrieb einen von ihm aufgesetzten Vertrag, aus dem hervorging, daß ihm fünfzig Prozent von allem zustand, was Yoko von Lennon bekommen würde. John und Yoko kamen überein, für den Rest des Jahres 1968 ein gewisses Maß an Takt gegenüber Cynthia zu wahren, indem sie eine Wohnung von Ringo Starr am Montagu Square in London als Liebesnest benutzten.

Die Situation war gesetzeswidrig, aber das war bei beiden nicht neu und in diesem Jahrzehnt der sexuellen Befreiung, Kommunegründungen und anderer Gruppenbildungen auch nichts Besonderes. Sie hatten offenbar kein Interesse daran, sich vor der Öffentlichkeit zu verstecken, am wenigsten Lennon, den seine Liaison mit Yoko endgültig davon überzeugt hatte, daß er nicht das zu sein brauchte, was die Fans von ihm erwarteten. Er wollte seine neugefundene Liebe nicht verstecken, sondern feiern.

John und Yoko setzten sich von Anfang an öffentlich in Szene. In Coventry fand eine Ausstellung britischer Bildhauerkunst statt, und Yoko hatte sich eine Einladung zur Teilnahme beschafft. Am 15. Juni fuhren sie und John gemeinsam im Rolls-Royce nach Coventry, um neben der ausgebombten Kathedrale zwei Eicheln zu pflanzen – Yoko nannte es «lebende Skulptur». Sie wurden allerdings daran gehindert, ihre Pflanzung auf geweihtem Boden durchzuführen, weil man befürchtete, es könnte so aussehen, als würde die Kirche der wilden Ehe damit ihren Segen geben. So pflanzten sie dann ihre Eicheln in der Nähe der Ausstellung ein. In den Augen der Weltöffentlichkeit wurde dies als erstes Anzeichen dafür empfunden (obwohl die Presse kaum Notiz davon nahm), daß John Lennon, der Unruhestifter unter den Beatles, jetzt wohl endgültig den Verstand verlor.

Ein weiteres Anzeichen für Johns neue aktionskünstlerische Neigungen war eine Ausstellung in der vornehmen Robert Fraser Gallery in der Nähe der Oxford Street, zu deren Eröffnung am 1. Juli John und Yoko ganz in Weiß gekleidet erschienen. Die Ausstellung trug den Titel «You Are Here» mit der Widmung «Für Yoko, von John, mit Liebe». In Peter Browns Beschreibung des Ereignisses kommt die weitgehende Verständnislosigkeit zum Ausdruck, mit der viele Menschen dem, was John und Yoko in den nächsten fünf Jahren taten, begegneten:

> Ich kann mich noch gut erinnern, wie ich durch die Ausstellung ging und dachte: «Was zum Teufel hat John sich dabei gedacht?» Die Ausstellung bestand aus einer Sammlung von Spardosen: Sammelbüchsen für die Blinden, die Spastiker, für den Unterhalt von Packeseln, für die Vögel, für Leprakranke. Ein mechanischer Hund bellte, wackelte mit dem Schwanz und hob ein Bein, wenn man eine Münze einwarf. Das einzige Objekt in der Galerie, das entfernt an ein Kunstwerk erinnerte, war ein weißer Kreidekreis von etwa einem Meter Durchmesser, in dessen Mitte geschrieben stand: You Are Here ... Ein paar Kunststudenten vom Hornsey College of Art, die zu der Eröffnung gekommen waren, brachten ihre Empörung zum Ausdruck, indem sie ein verrostetes Fahrrad in der Fraser Gallery ablieferten, an dem ein Zettel mit der Aufschrift hing: Dieses Ausstellungsstück wurde aus Versehen weggelassen. John kramte das Fahrrad zwischen die anderen Exponate, stellte ein Paar Schuhe davor und legte einen Zettel dazu, auf dem zu lesen war: Für euch ziehe ich meine Schuhe aus.
>
> Als Höhepunkt der Ausstellung wurden 365 weiße, mit Helium gefüllte Luftballons losgelassen, die in den Himmel über London aufstiegen. An jedem Ballon hing eine Karte mit dem Satz: «You Are Here. Bitte schreiben Sie an John Lennon c/o Robert Fraser Gallery.»

Die Post, die bei der Galerie ankam, bestand hauptsächlich aus Schmähbriefen an Yoko.

Inzwischen hatte das letzte Kapitel in Johns gemeinsamem Leben mit Cynthia begonnen. Die Presse hatte Wind davon bekommen, daß die Beziehung der beiden nur noch aus einem Scherbenhaufen bestand und daß überall in der Stadt John mit einer seltsamen japanischen Künstlerin gesehen wurde. John und Yoko waren am 18. Juni im National Theatre bei der Premiere einer Bühnenadaption von Johns

1964 erschienenem Buch *In seiner eigenen Schreibe* anwesend. Es war ihr erster gemeinsamer öffentlicher Auftritt, und die Reporter waren zur Stelle.

«Wo ist Ihre Frau, John? Wo ist Cynthia?» Die Fragen hagelten von allen Seiten auf ihn nieder.

«Ich weiß es nicht!» erwiderte ein verwirrter Lennon.

Am nächsten Tag sah Cynthia in Italien ein Foto dieser Szene, das auf sämtlichen Titelseiten der englischen Zeitungen erschienen war. Sie verkroch sich ins Bett, aus dem sie sich erst eine Woche später wieder von Lillian hervorlocken ließ. Als sie tags darauf mitten in der Nacht mit dem Sohn des Hotelbesitzers, einem gewissen Roberto Bassanini, mit dem sie den Abend in der Stadt verbracht hatte, ins Hotel zurückkehrte, wurde sie von Magic Alex begrüßt, den Lennon mit der Nachricht nach Italien geschickt hatte, er wolle sich scheiden lassen.

Nachdem Cynthia nach England zurückgekehrt war, gab es zwischen den Lennons nichts als Streitereien, Lügen und Bitterkeit: die üblichen nervenaufreibenden Gefechte in einer sich auflösenden Ehe. Diese aber war auch eine Beatles-Ehe. Und das bedeutete, der unerwünschte Partner – hier Cynthia – mußte so schnell wie möglich aus dem Orbit der Gruppe entfernt werden. In Kenwood spielten sich – in Gegenwart von Yoko – häßliche Szenen ab. Schließlich warf Lennon Lillian aus dem Haus und kündigte an, er werde Cynthia wegen Ehebruchs mit Magic Alex verklagen.

Endlich von Tisch und Bett getrennt, aber unfähig, von Angesicht zu Angesicht zu einer Einigung zu finden, kommunizierten die beiden per Telefon. Cynthia rief Lennon von Kenwood aus in London an und drohte ihm, ihre Anwälte würden Hunderttausende von Pfund aus ihm herausquetschen, worauf John wütend konterte, 75 000 Pfund seien sein letztes Angebot. Am Ende mußte er 100 000 Pfund zahlen plus Kindesunterhalt für Julian. Da Yoko schwanger war, konnte Cynthia eine Gegenklage wegen Ehebruchs anstrengen, was sie im August 1968 erfolgreich tat und was ihren gebrochenen Stolz und ihr angeschlagenes Selbstbewußtsein wieder ein wenig aufrichtete.

Bevor Cynthia vollkommen aus dem Umfeld der Beatles verschwand, zeigte Paul McCartney sich von seiner nobleren Seite und stattete ihr als einziger der Beatles und deren Freundeskreises in Kenwood einen Besuch ab. Er schenkte ihr eine rote Rose: «Wie wär's, Cyn?» fragte er scherzhaft. Auf dem Weg nach Kenwood hatte er für den kleinen Julian einen Song komponiert, um ihn ein bißchen aufzumuntern. Für dessen Veröffentlichung änderte er den Namen von «Jules» in das – seiner Meinung nach – besser verständliche «Hey Jude». Ob der kleine Julian damit getröstet war, weiß man nicht, doch «Hey Jude» wurde wieder ein Hit.

Das vorläufige Scheidungsurteil wurde am 8. November ausgesprochen – genau zwei Jahre nachdem John und Yoko sich zum erstenmal begegnet waren, es war die erste Beatles-Scheidung. Cynthia verschwand von der Bildfläche. Inzwischen hatten sich im Leben von John und Yoko außergewöhnliche Dinge ereignet. Den Nexus zwischen ihren künstlerischen Aktionen und dem Geist der Zeit bildete Johns musikalische Antwort auf die Ereignisse des Pariser Mai 1968. Sein Song «Revolution 1» – die Version auf dem «Weißen Album» – war als Kommentar bissiger als alles, was er jemals in irgendeiner Galerie in London ausgestellt hatte. Und die Art und Weise, wie er den Text zu diesem Stück aufnahm – auf dem Rücken liegend im Studio in der Abbey Road –, ist und bleibt das treffendste Bild, das wir von dem John Lennon des Revolutionsjahres 1968 haben: im Drogenrausch, die Rebellion im Kopf, sexuell aktiv und entschlossen, nichts davon zu verbergen.

Eine Sommerrevolution

Jahre später, nach seiner ersten Zeit mit Yoko Ono befragt, sagte Lennon: «Wenn wir nicht im Studio waren, lagen wir im Bett.» Den Sommer 1968 verbrachten John und Yoko wohl hauptsächlich im Drogenrausch und im Bett. Als ich Barry Miles 1996 fragte, woran er sich aus dieser Zeit erinnerte, als die beiden frisch verliebt waren, gab er mir eine Antwort, die für sich sprach: «Wir haben John und Yoko damals kaum gesehen. Sie waren einfach von der Bildfläche verschwunden und die meiste Zeit auf Junk.»

In den sechziger Jahren bedeutete das Wort «junk» Heroin. Im Juli und August 1968 verkrochen sich die beiden Liebenden im Keller von Starrs Wohnung am Montagu Square, liebten sich und schnieften Heroin (anscheinend haben sie nicht gespritzt). Während ihre jeweiligen Scheidungsprozesse ihren Lauf nahmen und die Arbeit am «Weißen Album» irgendwie weiterging, richteten Lennon und Yoko sich in ihrer eigenen, betäubenden Wirklichkeit ein, in ihrer «Ideologie der Erotik» (wie Ian MacDonald es nannte), aus der Ehepartner, Freunde, Beatles, Fans und der Rest der Welt ausgeschlossen waren. Aus diesem Grund blieben sie auch im Aufnahmestudio zusammen, diese Symbiose wurde der Anlaß für die bereits beschriebenen Schwierigkeiten der Beatles im Studio und hätte beinahe das «Weiße Album» *The Beatles* gekippt.

John und Yoko gingen eine totale Verbindung ein, ähnlich jener, die 1963 zwischen den Beatles existiert hatte, und zwar so sehr, daß sie anfingen, sich ähnlich zu sehen: Mittelscheitel, kleine, schmale, unergründliche Augen – zwei Seelenverwandte, die scheinbar ein gemeinsames Gesicht besaßen. Für Fans, die die Beatles – vor allem John – als Teil des normalen Lebens in England betrachtet hatten, war das alles äußerst verwirrend, andere betrachteten die Verwandlung schmunzelnd.

Überall auf der Welt war das Jahr 1968 ein wildes, von Aufständen und Massendemonstrationen geprägtes Jahr. Gleichzeitig explodierte die Gegenkultur in Happenings, in dem Musical «Hair», den Open-air-Riesenkonzerten. Als die Beatles ihre Single herausbrachten, stand Vietnam wieder weltweit im Mittelpunkt: Napalm und «Agent Orange»-Entlaubungsmittel wurden großflächig eingesetzt. Im März war am Grosvenor Square, dem Sitz der amerikanischen Botschaft in London, eine Demonstration militanter Kriegsgegner in Gewalt ausgeartet, Hunderttausende demonstrierten vor dem Weißen Haus. In Prag waren die Sowjets einmarschiert und hatte sich Jan Palach aus Protest auf dem Wenzelsplatz öffentlich selbst verbrannt. Zwei Attentate erschütterten die Welt zutiefst: das auf den schwarzen Führer der Bürgerrechtsbewegung Martin Luther King und das auf Robert Kennedy. Mitten in dieses schnelle Auf und Ab aus Zerstörung und Gewalt einerseits und massenhaften Protesten dagegen andererseits, mitten hinein in eine jugendliche Popkultur auf ihrem Höhepunkt setzten die Beatles wieder ein eigenes Zeichen: Ende August kam die Single «Hey Jude» heraus, mit Lennons schnellerer Version von «Revolution» auf der B-Seite. Musikalisch gesehen war es einer der triumphalsten Augenblicke für die vier.

Oder jedenfalls beinahe. Kann man McCartney zugute halten, daß es ihm gelungen war, die Gruppe nach dem Mißerfolg von *Magical Mystery Tour* mit der gewinnenden Vielschichtigkeit von «Hey Jude» wieder mit ihrem Publikum zu versöhnen, so hatte Lennon die Fans mit seinem rauhen Rock-Song nicht überzeugen können. Es war zwar ein großartiges Stück, doch es enthielt eine mißverständliche

Botschaft. Es wirkte wie ein Widerspruch in sich, daß Lennon mit einem Song, dessen Titel scheinbar zu den Waffen rief, seinen Pazifismus verkündete. Von den Linken wurde er attackiert, weil er polemisierte («And if you go carrying pictures of Chairman Mao / You ain't gonna make it with anyone anyhow»), und die Fans, die die Beatles bisher nie mit irgendeiner Art von Politik in Verbindung gebracht hatten, fühlten sich irritiert. Dies war ein Song, der sich eher an die Flower-Power-Hippies und die Bewußtseinserweiterer zu wenden schien («You better free your mind instead»). Für die militanten Friedensstreiter auf den Barrikaden hatte er also keine Sympathien. John und Yoko – Yokos utopische Grundsätze und verträumt wirkende Art sind durch das ganze Stück hindurch spürbar – riefen die Leute nicht dazu auf, auf die Straße, sondern miteinander ins Bett zu gehen.

Das einzig Revolutionäre, was Lennon 1968 mit Yokos Hilfe und Unterstützung produzierte, war sein Stück «Revolution 9», das er für das «Weiße Album» aufnahm. Dieses turbulente, achtminütige Experiment «at random» oder mit dem Zufall, wie die Beatles das nannten – umgekehrte und rückwärts abgespielte Bänder, Geräusche, Singsang und Schreie von geisterhaften Stimmen –, gibt einen Vorgeschmack auf die folgenden Vorstöße in den Bereich der Avantgarde-Musik, die die beiden in den nächsten drei Jahren unternehmen sollten. Eigentlich gehört dieses Stück weniger zum «Weißen Album» als zu der LP *Two Virgins*, die Lennon und Yoko Ono aus den Bändern zusammenschnitten, die sie in ihrer ersten gemeinsamen Nacht aufgenommen hatten – drei Wochen, bevor sie «Revolution 9» produzierten.

Dies ist nicht der geeignete Ort, um eine technische Analyse dieser zweifellos bemerkenswerten Aufnahme durchzuführen. Eine ausgezeichnete Beschreibung ist bei Ian MacDonald nachzulesen (pp. 230–34), der auch eine wichtige Bemerkung zu unserem Thema enthält: Lennon «behauptet, daß ‹Revolution 9› als Bild einer Revolution konzipiert wurde und vor dem Hintergrund beurteilt werden sollte, daß die Musik, die er 1968 schrieb (im Gegensatz zu dem, was linke Ideologen drei Jahre später von ihm hören wollten), vor allem mit Yoko Onos Konzeptkunst der sechziger Jahre zu tun hatte, und nicht etwa ein Versuch war, die Unruhen wiederzugeben, die damals Frankreich und das westliche Deutschland bewegten.»

John Lennon und Yoko Ono hatten kein politisches Programm, vielmehr ging es ihnen um psychologische Zusammenhänge, und sie waren bestenfalls auf schrullige Weise sozial motiviert. Mit ihrer vom Dadaismus inspirierten Kunst ging es Yoko darum, ästhetische Grenzen zu sprengen, das Prozeßhafte und Fragmentarische in den Mittelpunkt der Wahrnehmung zu stellen – und nicht zuletzt auch darum, das bombastische Selbstverständnis konventioneller Kunst mit kleinen Gesten als hohl und antikünstlerisch zu entlarven. Kunst war lebendig, direkt und unperfekt wie Menschen. Für Lennon war diese Respektlosigkeit gegenüber vorgegebenen hierarchischen Ordnungen genau der ihm entsprechende Weg, sich selbst auszudrücken, gelernte Tabus zu brechen – sein eigenes Denken zu befreien («free your mind instead»). «Revolution 9» ist das erste Ergebnis der geistigen Begegnung von John und Yoko und als solches die erste Hymne auf ihre immer stärkere Verbindung. Es sollten noch viele von Yoko Ono oder ihrer Kunst inspirierte Stücke aus Lennons musikalischem Zauberkasten entspringen, darunter die vielen sehr einfachen Liebeslieder, aber keines davon war akustisch so radikal und so aufwühlend wie «Revolution 9».

Als es 1968 auf den Herbst zuging, wurde dem Paar das Leben schwerer gemacht, als beide sich hätten träumen lassen. Kaum hatten sie der Presse erlaubt, die Nachricht zu veröffentlichen, daß Yoko schwanger und John der Vater des Kindes war, wurden ihnen Drogen zum Verhängnis. Das vorangegangene Jahr hatte den Rolling Stones einigen Ärger eingetragen: drei von ihnen, Keith Richards, Mick Jagger und Brian Jones, wurden wegen Drogenbesitzes verurteilt. Es wurde dagegen allgemein angenommen, daß man die Beatles verschonen würde. Das sah Detective Sergeant Norman Pilcher vom Scotland-Yard-Drogendezernat allerdings ganz anders.

Pilcher war ein eifriger Kämpfer gegen den Drogenmißbrauch, der es, wie die Popidole selbst, mit der Publicity hielt und davon ausging, wenn möglichst viele Stars zur Raison gebracht würden, sinke der Drogenkonsum insgesamt. Gleichzeitig war er – ganz typisch für die sechziger Jahre – altmodisch genug, um die Werte des Establishment hochzuhalten und «Exempel statuieren» zu wollen. Bereits 1967 hatte er seinen Kreuzzug begonnen. Am Morgen des 18. Oktober 1968 verschaffte er sich und seiner Mannschaft, nicht ohne Schwierigkeiten, Zutritt zu Ringo Starrs Wohnung am Montagu Square. Jemand hatte Lennon einen Tip gegeben, daß eine Razzia auf die Wohnung geplant war, unter anderem, weil Jimi Hendrix vor noch nicht allzu langer Zeit dort gewohnt hatte. John hatte die Wohnung bereits gründlich nach Spuren von Hasch und Gras abgesucht und war gerade dabei, seinen und Yokos Heroinvorrat in die Toilette zu spülen, als Pilcher an die Tür klopfte. Zunächst reagierte Lennon nicht, schließlich mußten er und Yoko, die gerade erst aufgestanden war, sich erst etwas überziehen, wie er später erklärte.

Nachdem man Pilcher eingelassen hatte, beschuldigte er Lennon als erstes der Behinderung von Polizeiarbeit. Bei der Durchsuchung wurden in einer alten Truhe und in einem Opernglasetui geringe Mengen Haschisch gefunden. Lennon hat später immer wieder behauptet, nichts davon gewußt zu haben. (Bezeichnenderweise wurde Pilcher später wegen Fälschens von Beweismaterial angeklagt, was allerdings anscheinend mit dieser Razzia nichts zu tun hatte.) Nach einem Spießrutenlauf vorbei an Fans und Fotografen wurden

Lennon und Yoko, die bleich und müde wirkten und einen mitleiderregenden Eindruck machten, zur Verlesung der Anklageschrift auf die Polizeistation Marylebone gebracht.

Am selben Nachmittag setzte Sir Joseph Lockwood, Vorstandsvorsitzender von EMI, der Holdinggesellschaft der Beatles, sich dafür ein, daß das Paar wieder auf freien Fuß kam. Die beiden wurden am nächsten Morgen vom Amtsgericht Marylebone bis zum 28. November gegen Kaution entlassen. Darüber, wohin sie als nächstes gingen, gibt es widersprüchliche Zeugenaussagen: Brown behauptet, sie seien in die Wohnung am Montagu Square zurückgekehrt (was angesichts der vielen Fans, die sich mittlerweile vor dem Haus versammelt hatten, höchst unwahrscheinlich ist), Coleman meint, sie seien zu ihrem Anwalt (Nicholas Cowan, der damals das Vermögen von Brian Epstein verwaltete) nach Fulham gefahren, Goldman dagegen sagt, sie seien zu Paul McCartney gefahren. Jedenfalls hielten sie sich, wo immer sie hingegangen sein mögen, versteckt, bis die nächste Katastrophe sie ereilte, nämlich Yokos Fehlgeburt am 21. November.

Schon während der zweiten Oktoberhälfte hatte sich immer deutlicher abgezeichnet, daß Yokos Schwangerschaft gefährdet war. Sie war fünfunddreißig, nahm Drogen und hatte bereits eine Reihe gynäkologischer Probleme gehabt. Es war ein Wunder, daß sie überhaupt schwanger geworden war. Aber nun stellte sich heraus, daß der Embryo nicht überleben würde. Schließlich mußte sie in ein Krankenhaus in West-London eingeliefert werden, wo man ihr eröffnete, daß sie die Schwangerschaft nicht bis zum Ende durchstehen würde. John zog zu ihr ins Krankenzimmer und schlief auf einer Luftmatratze auf dem Fußboden. Als feststand, daß eine Fehlgeburt unmittelbar bevorstand, ließ Lennon sich ein Tonbandgerät ins Krankenhaus bringen: mit Hilfe eines Spezialmikrofons nahm er die Herztöne des sterbenden Fötus auf.

Drogenrazzia am 18. Oktober 1968: Einen Monat vor Veröffentlichung des «Weißen Albums» der Beatles wurde Ringo Starrs Wohnung am Montagu Square von der Polizei durchsucht. John und Yoko, die seit dem Sommer dort wohnten und heroinabhängig waren, wurden vorläufig in Gewahrsam genommen. Alles, was die Polizei dort gefunden hatte, war eine kleine Menge Cannabis-Samen.

Yokos Gesundheit hatte gelitten. Jahre später sagte sie, die Fehlgeburt sei durch Schläge von John ausgelöst worden – was im nachhinein widersprüchlich und fast unglaublich erscheint, jedoch nicht unmöglich ist. Lennon selbst war in ähnlich schlimmer Verfassung, sowohl körperlich als auch seelisch: er war sozusagen aus Sympathie mit seiner erschöpften Partnerin krank geworden und zutiefst betrübt über den Verlust des Kindes, das sie «John Lennon Ono II» getauft hatten. Victor Spinetti, der Schauspieler, der die Adaption von *In seiner eigenen Schreibe* auf die Bühne gebracht hatte, schlich sich jeden Morgen ins Krankenhaus, um Lennon eine Schachtel Zigaretten zu bringen, obwohl letzterer angeblich das Rauchen aufgegeben hatte. Als er ihn in diesem Zustand sah, fragte Spinetti: «Wer von euch hat eigentlich die Fehlgeburt gehabt?»

Am 22. November wurden die ersten Exemplare des «Weißen Albums» verkauft. Ein stärkerer Kontrast zu der sich zunehmend verdüsternden Lennon-Ono-Ballade als diese faszinierende, farbenfrohe Doppeldosis an Beatles-Autobiographie ist kaum denkbar. Alle Songs von Lennon bei dieser erneuten Gemeinschaftsproduktion zeugen von seiner Ausrichtung im Jahr 1968: die meisten haben Yoko zum Thema. Einer, «Happiness Is a Warm Gun», ist das sexuell anspielungsreichste Stück, das er je geschrieben hat (und wurde natürlich von der BBC verboten). Es ist nicht das einzige Beispiel für Anspielungen auf Sex: «Lying with his eyes while his hands are busy / Working overtime» ist ein Hinweis auf Masturbation, und es lassen sich ausreichend weitere Beispiele finden für das Ende der Privatheit von Sexualität im Popsong dieser Jahre, um zu behaupten, daß Sex auf der Tagesordnung stand. Nicht nur bei Yoko und John, auch bei Uschi Obermeier – «Deutschlands schönster Kommunardin» – und Rainer Langhans, der öffentlich bekannte, er habe Orgasmusprobleme …

Der Schluß von «Happiness …» mit Lennons orgiastischem Gebrüll «When I hold you in my arms / And I feel my finger on your trigger» scheint mir die eindeutigste Anspielung auf das Stimulieren der Klitoris zu sein, die je gesungen wurde. Die Anrede «Mother Superior» läßt keinen Zweifel daran zu, daß es sich hier um eine weitere Hymne auf Yoko handelt, denn dies war einer von Lennons Kosenamen für Yoko.

Gleichzeitig durfte man das Stück auch als indirekten Protest gegen den Krieg interpretieren. Angesichts der verschlungenen Vieldeutigkeit von Songs, die Lennon in seiner pazifistischen, erotisierten Phase produzierte, kann man davon ausgehen, daß «Happiness Is a Warm Gun» *sowohl* eine Aussage über seine rauschhafte Liebe zu Yoko (das Album *The Beatles Anthology 3* enthält eine frühe Aufnahme des Songs, in dem er spielerisch Yokos Namen in den Text einfließen läßt) *als auch* über seine pazifistische Haltung darstellt.

Am 28. November erschienen Lennon und Ono ziemlich ausgelaugt im Gerichtssaal. Ray Coleman berichtet, daß Lennon bereit war, sich zu der Anklage wegen des Besitzes von Cannabis schuldig zu bekennen, weil er fürchtete, daß Yoko aus England ausgewiesen werden würde, wenn er und Yoko sich gegen die Anklage wehrten und den Prozeß verloren. Goldman dagegen spekuliert, daß John «bei seiner Stellung und seinen Verbindungen» den Prozeß gewonnen hätte und freigesprochen worden wäre, wenn er auf «nicht schuldig» plädiert hätte. In Wirklichkeit hätten ebendiese Faktoren zusammen mit Sergeant Pilchers offenbar lückenlosen Beweisen ihm eine zehnmal höhere Strafe einbringen können, wenn, wie durchaus anzunehmen ist, das Gericht dem Beatle keinen Glauben geschenkt hätte. Die Anklage wegen Behinderung der Polizei wurde fallengelassen. Lennons Verurteilung zu einer Geldstrafe von 150 Pfund wegen Drogenbesitzes sollte ihm später große Schwierigkeiten in seiner neuen Wahlheimat New York einbringen.

Sex, Drogen, *let it all hang out*: eines der kürzesten Stücke auf dem «Weißen Album», diesmal von Paul McCartney, trug einen der provokativsten Titel der Beatles: «Why Don't We Do It in the Road?». Dem Geist der Zeit entsprechend eine naheliegende Frage – warum nicht? Und doch war niemand auf die nächste Ono-Lennon-Provokation vorbereitet. Sir Joseph Lockwood hatte im Herbst (1968) den Cover-Vorschlag von John und Yoko für das Album *Two Virgins* gesehen, und er war entsetzt: Warum, fragte er sich, taten sie das?

Auf der Vorder- und Rückseite des Albums waren John und Yoko nackt von vorn und von hinten zu sehen. Nichts war verhüllt, nichts geschönt, keine Pose – sie waren auf den Schwarzweißfotos «einfach so da». Sie hatten die Bilder in der Wohnung am Montagu Square mit einer Kamera mit Selbstauslöser aufgenommen. Lennons Erklärung klingt, gemessen an den Ereignissen des Jahres 1968, seltsam schief, wird aber verständlicher, wenn man einbezieht, daß er hier eigentlich einmal wieder *sein* größtes Problem benennt, nämlich dauernd für die Öffentlichkeit eine oder mehrere bestimmte Personen sein zu sollen, Leitbild oder Antiheld, und daß ihm das zur Zwangsjacke geworden war – ebenso wie ihm Intoleranz und Besserwisserei der Medien auf die Nerven gingen:

> Eins der größten Probleme heutzutage ist die allgemeine Heuchelei und Unsicherheit. Wenn die Leute nicht akzeptieren können, daß andere Leute nackt sind und Pot rauchen oder sonst irgendwas tun, wozu sie gerade Lust haben, dann werden wir nie vom Fleck kommen. Die Leute müssen endlich kapieren, daß sie das nichts angeht und daß Nacktsein nichts Obszönes ist. Wir selbst zu sein, das ist das Entscheidende. Wenn sich alle damit beschäftigen würden, sie selbst zu sein, statt so zu tun, als wären sie etwas, das sie nicht sind, dann hätten wir Frieden.

Nacktheit war schon in der Hippie-Szene und der politischen wie unpolitischen jugendlichen Gegenkultur ein Thema geworden, die Medien brachten Großaufnahmen von jeder nichtbekleideten Person bei Open-air-Konzerten, die Konjunktur hatten. Die holländischen «Provos» hatten von sich reden gemacht, indem sie in losen Grüppchen nackt durch Einkaufszonen sprinteten, die ersten Berliner Kommunen waren wegen «Gruppensex» in Verruf geraten und gleichzeitig zu ungeheurer Bekanntheit avanciert ... Und: «Lustgewinn» und «sexuelle Befreiung» waren Schlagworte, die – begriffen oder mit Schreckenslaut verpönt – in jenem Jahr so bekannt geworden waren wie die «Mao-Bibel», «Black Power», «Die sexuelle Funktion des Orgasmus» von Wilhelm Reich, der «Pariser Mai» und: «Es ist verboten zu verbieten», «Die Phantasie an die Macht», «Streik, bis es Spaß macht» ... «Make love, not war» – «Macht Liebe, keinen Krieg». Und nicht zuletzt war auch das Hippie-Musical *Hair*, in dem manche Schauspieler nackt auftraten und das Wassermannzeitalter besangen, im September 1968 in London uraufgeführt worden.

Lennon und Yoko waren mit diesen Fotos nicht etwa «Trendsetter», und sie taten auch nicht gerade etwas, das, gemessen an der zunehmend lockeren Haltung der damaligen Zeit, besonders schockierend gewesen wäre. Aber das Problem war eben, daß Lennon einer der Beatles war.

Die beiden hätten auf Sir Joseph hören sollen, aber das taten sie nicht: «Ich mach mir keine Sorgen über die Reichen, die Herzoginnen und all diese Leute, die hinter euch herlaufen. Aber die Mütter und Väter der jungen Mädchen werden etwas dagegen haben. Es wird euch schaden ...» Als Yoko erklärte, das Cover sei «Kunst», konterte Sir Joseph mit seinem legendären Vorschlag: dann sollten sie doch ansehnlichere Körper auftreiben.

Doch er erklärte sich schließlich damit einverstanden, *Two Virgins* bei Apple pressen zu lassen, aber der Vertrieb wurde einem unbekannten Label namens Track überlassen, das der Popgruppe The Who gehörte. Kaum ein Rezensent konnte etwas Konstruktives zu der «Musik» (Quietschen, Heulen, Summen und Surren) des Albums *Two Virgins* sagen, als es in braunes Packpapier gewickelt erschien, aber die Plattenhülle kam in die Schlagzeilen. Lennon und Ono, die deutlich gemacht hatten, niemandem gefallen zu wollen, waren dank der Pressereaktionen jetzt als Mischung aus Misfits und Provos wieder im Gespräch und stifteten Verwirrung.

Anfang Januar 1969 löste ihr Nacktfoto eine wahre Farce aus: Dreißigtausend Exemplare des Albums wurden von der US-Zollbehörde beschlagnahmt und vom Amtsgericht in Newark als «Pornographie» eingestuft. Vergeblich versuchte der junge Albert Goldman dem alten Richter klarzumachen, die Fotos stünden «in der Tradition der christlich-ikonographischen Darstellung Adams und Evas vor dem Sündenfall». In ihrer braunen Packpapierverkleidung verkaufte sich die LP sowohl in Großbritannien als auch in den USA, aber nur hartgesottene Bewunderer des Lennon-Ono-Duos konnten der neuen Platte *Two Virgins* als Klangereignis etwas abgewinnen. Als Geste war die LP recht effektiv, als Kunstwerk eher langweilig.

Yoko und John ließen sich jedoch nicht beirren. Sie waren jetzt ein Symbol, für sich selbst und für die Welt, und sie waren entschlossen, keinen Schritt zurück zu gehen.

Am 8. November 1968 wurde die Ehe von John und Cynthia geschieden, als nächstes die Villa in Kenwood verkauft. Cynthia und Lillian hatten das Haus leergeräumt, bevor Lennon und Yoko kurz vor Weihnachten zurückkehrten. Nun gingen sie auf die Suche nach dem Traumhaus, bei der Pete Shotton ihnen behilflich sein sollte. Am 11. Dezember 1968 ließen sie sich für das totgeborene Rolling-Stones-Special *Rock and Roll Circus* filmen, bei dem Lennon eindeutig unter Niveau spielte und Yoko nur herumkreischte, und eine

Woche später nahmen sie an der sogenannten Alchimistischen Hochzeit teil, einer Underground-Weihnachtsfeier in der Royal Albert Hall. Allerdings war sich niemand sicher, ob die beiden tatsächlich anwesend waren, da sie in einem Sack versteckt auf der Bühne erschienen.

Peace, Brother

War 1968 für Lennon und Yoko das Jahr gewesen, in dem sie ihr Liebesleben öffentlich zelebriert hatten, so sollte 1969 eine einzige Orgie werden: zugegebenermaßen keine geradezu erotische, eher eine wilde, bewegt-bewegende Aktions- und Auseinandersetzungsfete, die sie in viele Städte und mit vielen Menschen zusammenbringen sollte und wieder verstärkt in die Öffentlichkeit rückte.

Andererseits waren die beiden in dem Jahr ihrer größten Aktivität und Berühmtheit, dem Jahr, in dem die Beatles sich definitiv auflösten, sehr isoliert und ohne persönliche Freunde.

Die Beatles sollten im Jahr ihrer Trennung zwei Höhepunkte erleben: Am trüben, windigen Morgen des 30. Januar versammelten sie sich auf dem Dach des Apple-Büros in der Savile Row und gaben ihr letztes gemeinsames öffentliches Konzert. Sie spielten vier Stücke, alle vier rauhe Rock-Songs, die später in das Album *Let It Be* aufgenommen wurden und die den gelungeneren Teil des Films ausmachen: «Dig a Pony», «I've Got a Feeling», «One after 909», «Get Back». Lennon tat zum letztenmal auf der Leinwand, was er immer am besten gekonnt hatte: er spielte und sang (und redete) mit Witz und Stil und Begeisterung mit den Beatles. Der Lärm brachte den Verkehr rund um das Gebäude zum Stocken und die Polizei auf das Dach, die das spontane Konzert abbrach. Es war ein Ereignis in der Popkultur, auch wenn es vom legendären Woodstock-Open-air-Festival im August 1969, schon aufgrund des Staraufgebotes und Umfangs, bei weitem überholt wurde.

Und Höhepunkt Nummer zwei: Ihre allerletzte LP *Abbey Road*, mit der ihnen gelang, was mit *Sgt. Pepper* schon geplant war: Die Langspielplatte als ein großes, zusammenhängendes Stück.

Der Januar war ansonsten ein fürchterlicher Monat. Von McCartney unermüdlich dazu überredet, hatten die vier versucht, einen Film über ihre neue Musik zu drehen; doch als Paul versuchte, George beizubringen, wie man Gitarre spielt, verließ letzterer das Studio und erklärte, er würde aussteigen. Ian MacDonald beschreibt, was danach geschah: «Ein paar Tage später hockte Ono wie ein Symbol auf Harrisons blauem Kissen und begann auf ihre übliche Art wie eine Todesfee zu heulen, woraufhin die anderen kapitulierten und mit einem Kreuzfeuer aus Rückkopplungspfeifen in das Geheul einstimmten.»

Die Geduld aller Beteiligten wurde auf eine weitere Bewährungsprobe gestellt, als die drei Beatles John, George und Ringo Anfang Februar gegen Pauls Willen Allen Klein als Manager einstellten. McCartney hätte lieber John Eastman, den Bruder seiner neuen Freundin Linda, mit der Aufgabe betraut, die mittlerweile hoffnungslos verworrenen Angelegenheiten der Beatles zu ordnen. Für Paul McCartney bedeutete Kleins Beauftragung den Anfang vom Ende.

Einen Tag bevor diese Entscheidung fiel, trat Yokos Scheidung von Anthony Cox in Kraft. Lennon hatte sich bereit erklärt, nicht nur die Kosten der Scheidung zu tragen, die auf den Virgin Islands ausgesprochen wurde, damit der Exgatte dort eine Aufenthaltsgenehmigung bekam, sondern auch sämtliche Schulden der beiden zu begleichen: etwa 100 000 Dollar an privaten Krediten, offenen Studio-Mieten und unbezahlten Rechnungen für Material und Geräte sowie die Mietrückstände für ihre Wohnung. Yoko hätte zu diesem Zeitpunkt ohne Schwierigkeit das Sorgerecht für Kyoko bekommen können, doch sie war zu sehr mit anderem beschäftigt und sah offenbar nicht im geringsten ab, was ihre

Unterlassung für die Zukunft bedeuten würde. Sie war der Meinung gewesen, die Sorgerechtsregelung käme ihrem Lebensstil entgegen. Daß Tony aber genau in dem Augenblick, als Yoko und ihr künftiger Ehemann bereit waren, ihre elterlichen Pflichten wahrzunehmen, plötzlich mit seiner Tochter verschwand, war eine böse Überraschung.

März war der Monat zweier «Beatles»-Hochzeiten, die kaum noch diese Bezeichnung verdienten: als letzter der Gruppe gab Paul seinen Junggesellenstatus am 12. auf und heiratete auf dem Standesamt von Marylebone die amerikanische Fotografin Linda Eastman – und kein anderer Beatle war zugegen bei diesem Publicity-Ereignis Nummer 1. Und für den 26. hatte John dafür gesorgt, daß ebenfalls keiner von ihnen bei seiner Hochzeit mit Yoko zugegen sein würde. Anfangs planten sie, sich das Jawort auf einem Schiff zu geben; es gab einen Liniendampfer, der Mitte März den Atlantik überquerte, und, einer spontanen Eingebung folgend, bat John Les Anthony, ihn und Yoko nach Southampton zu fahren. Da das Schiff ausgebucht war, versuchten sie es auf einer der Kanalfähren, die nach Holland und Frankreich fuhren. Aber sie hatten ihre Pässe nicht dabei, und so wurde am Ende doch nichts aus der Hochzeit auf See. Sie flogen statt dessen nach Paris und verbrachten dort in aller Stille ihre «Advents»-Flitterwochen. Schließlich entschlossen sie sich, ganz diskret an irgendeinem abgelegenen Ort und auf keinen Fall in England zu heiraten und baten Peter Brown, sich etwas einfallen zu lassen. Brown fand heraus, daß auf Gibraltar Blitzhochzeiten durchgeführt wurden, was bedeutete, daß es keine langen Wartezeiten geben würde, die John und Yoko sonst unweigerlich hätten einkalkulieren müssen, wenn sie außerhalb Englands heirateten. Sie riefen Alistair Taylor im Londoner Apple-Büro an und baten ihn, Bargeld zu besorgen, das er ihnen dann im gemieteten Flugzeug nach Le Bourget brachte. Am 20. März flog Brown zusammen mit dem Fotografen David Nutter nach Gibraltar, wo die beiden auf dem kleinen Flughafen mit John und Yoko zusammentrafen. Von Nutter stammt auch das Foto, das die im selben Jahr veröffentliche Single «The Ballad of John and Yoko» illustriert: «Finally made the plane into Paris, honeymooning down by the Seine. / Peter Brown called to say, ‹You can make it OK, you can get married in Gibraltar near Spain›.»

Auf dem Foto schaut der Standesbeamte des Konsulats von Gibraltar mit gequältem Blick zu John hinüber, der ganz in Weiß gekleidet ist, die linke Hand in der Hosentasche, in der rechten eine Zigarette, das berühmte Gesicht umrahmt von einem dichten Vollbart und langen, strähnigen Haaren. Rechts von ihm steht Yoko, ebenfalls ganz in Weiß, mit einem riesigen weißen Schlapphut auf dem langen schwarzen Haar, das Gesicht hinter einer enormen Sonnenbrille verborgen. Zu Lennons Linker, gleich hinter ihm, steht Peter Brown, der als Trauzeuge fungierte.

Die Trauung, das Hauptthema von «The Ballad», wurde im allerkleinsten Kreis vollzogen und scheint doch wie eine starke Bestätigung auf die beiden gewirkt zu haben. Denn es dauerte nicht lange und sie würden gemeinsam einiges öffentliche Tamtam veranstalten – zum immer noch beherrschenden Thema dieser Jahre: dem Krieg in Vietnam und dem Weltfrieden. Frieden und nochmals Frieden. Nun waren die beiden überzeugt, sie hatten eine Mission zu erfüllen. Nachdem sie etwa eine gute Stunde auf Gibraltar verbracht hatten, flogen sie mit dem Privatjet zurück nach Paris und mieteten eine Suite im Hotel Plaza Athénée.

«Diesen Mann herunterleiern zu hören: ‹Wollen Sie diese Frau zu Ihrer Ehefrau nehmen?› Das war einfach umwerfend», flötete Yoko. Sie sagte, die Zeremonie sei ein «Happening» gewesen und fügte hinzu: «Wir haben vor, das innerhalb der nächsten Woche zu wiederholen. Wir werden den Termin rechtzeitig bekanntgeben.»

Als John und Yoko verkündeten, sie würden vom 28. März an eine Woche im Amsterdamer Hilton öffentlich im Bett verbringen, strömten Scharen von Presseleuten in das Hotel, in der Erwartung, die beiden würden sich beim Sex fotografieren lassen: «So kamen sie also reinspaziert – ungefähr fünfzig oder sechzig Reporter waren aus London rübergeflogen – alle etwas angespannt», erinnerte sich Lennon, «und wir saßen einfach im Schlafanzug im Bett und sagten ‹Frieden, Bruder›, und das war alles … Als wir heirateten, wußten wir, daß unsere Flitterwochen ohnehin in aller Öffentlichkeit stattfinden würden, also beschlossen wir, sie zu nutzen, um ein Statement abzugeben.»

Soweit also der Gedanke für das erste Lennon-Ono-Bed-in, das der Form und den Inhalten nach sowohl nach Yokos Fluxus-Hintergrund als auch nach Aktionsformen der Protestbewegung aussah. Und im Hilton war es zwar John, der verlangte, daß sämtliche Einrichtungsgegenstände in dem Hotelzimmer aus natürlichen Materialien beschaffen sein müßten (Zimmer Nr. 1902 im siebten Stock) und der das Zimmer dann bis auf das Bett leerräumen ließ, doch es klingt ganz nach einer Forderung von Yoko. Später räumte Lennon ein, seine ersten Friedenskampagnen seien vielleicht naiv gewesen, aber er habe keine Lust auf ein glattes Medienspektakel gehabt und mit Yoko überlegt, wie man effektiv für den Frieden eintreten könnte, wie sie beide etwas gegen den Vietnamkrieg tun könnten. Sein Einsatz war seine Berühmtheit.

Im Rückblick erscheinen die öffentlichen Auftritte der beiden, einschließlich des spektakulären «Bed-in» in Amsterdam, wie der zwar ernst gemeinte, für viele aber seltsam wirkende Versuch, ihr Privates politisch werden zu lassen. In *When the Music's Over* (1989) schreibt Robin Denselow noch viele Jahre später: «Die Linke hielt (Lennon) für beschränkt, das Establishment und die Presse taten ihn als verrückt und selbstverliebt ab, und selbst für seine Anhänger war es schwer nachvollziehbar, wie seine elitäre Demonstration in einem teuren Hotel die Greuel in Vietnam beenden sollte. Es mag ein Versuch gewesen sein, die Medien zu manipulieren, aber das Resultat war nichts als eine arrogante Form der Selbstdarstellung.»

Was so natürlich nicht stimmte, obwohl beide ihre Selbstdarstellung betrieben. Die «Friedensbotschaft» wurde trotz allem auch verstanden. Sein musikalisches Genie, das er auf dem «Weißen Album» erneut unter Beweis gestellt hatte, machte ihn erneut populär bei seinen «alten» Fans, die neuen, provokativen Aktionen à la *Two Virgins*, die deutlich Yokos Handschrift trugen, sicherten ihm als Partner der Aktionskünstlerin einen Platz in der 1968 an ihrem Höhepunkt angekommenen jugendlichen Gegenkultur.

«Wir saßen sieben Tage lang im Bett und unterhielten uns mit den Reportern», sagte Lennon über ihr gemeinsames Friedens-«Bed-in». «Es war eine Mordsgaudi. Wir haben auf den Titelseiten der Zeitungen Werbung für den Frieden statt für den Krieg gemacht.»

Über dem Bett hingen zwei große Plakate: «Bed Peace» und «Hair Peace». Neben dem Bett hingen zwei kleinere Zettel: «John loves Yoko» und «Yoko loves John». Als Yoko feststellte, daß ihr der Ring, den John für sie gekauft hatte, zu groß war, malte John ihr einen passenden Trauring mit Tinte auf den Finger. Außerdem kritzelte er Dutzende von Zetteln mit Strichmännchen voll und klebte sie überall an die Wände. Am Ende der Woche war die Suite mit Zetteln übersät, die Putzfrauen warfen das ganze Papier einfach in den Müll, was das Management des Hilton Jahre später sehr bedauerte, als deutlich wurde, wieviel Geld eine Lennon-Kritzelei auf einer Auktion einbringen konnte. Außerdem begann Lennon, einen Song zu schreiben: «Standing in the dock at Southampton, trying to get to Holland or France ...» – die kurze Geschichte ihrer beider Hochzeits-Aktions-Reise: «The Ballad of John and Yoko», die im Sommer 1969 wiederum ein Hit wurde.

Von Amsterdam nach Wien: «Made a lightning trip to Vienna, eating choc'late cake in a bag. / The newspapers said, ‹She's gone to his head, they look just like two gurus in drag.›»

Der Schauplatz ihres nächsten Abenteuers war das Hotel Sacher in der österreichischen Hauptstadt. Der Auslöser war die Premiere ihres Films *Rape* im österreichischen Fernsehen, ein wenig erbaulicher, zwanzigminütiger Streifen, in dem eine junge Frau von einem Kamerateam bis zu ihrer Haustür verfolgt wird, wo sie schließlich durchdreht. Ein Hinweis auf die Situation, in der eigentlich Lennon und Ono sich wie in einem Aquarium gefangen fühlten? Möglich. Aber die Wirkung, die der Film nicht nur auf das österreichische Publikum hatte, wurde noch überholt von der nächsten Inszenierung, die die beiden in der Empfangshalle des Hotels für die Presse vorbereitet hatten. Die Wände waren mit Plakaten dekoriert worden, auf denen – einmal mehr – die verrufenen langen Haare als distinktives Kennzeichen der friedensbewegten Jugendkultur und der Frieden selbst gefeiert wurden: «Bed», «Peace», «Grow Your Hair» stand da zu lesen. Und dann gab es noch ein Wort, das bisher nie jemand gehört hatte: «Bagism». Besonders verblüffte die Journalisten dann, was sie da empfing: Auf einem Zeichentisch lagen unter einem großen weißen Tuch zwei menschliche Umrisse, die offenbar darauf warteten, daß man sie interviewte. Waren es wirklich John und Yoko? Sie waren es und erregten erneut Aufsehen – der Auftritt im Sack, den sie im vergangenen Dezember in der Royal Albert Hall zum erstenmal vorgeführt hatten, sollte also kein einmaliger Gag bleiben.

Yoko hatte schon während ihrer Fluxus-Phase bei ihren Performances Säcke eingesetzt; sie war zusammen mit Cox bei einem ihrer Events kurz nach ihrer Ankunft in London 1966 in einem Sack aufgetreten. «Bagism» war ganz allein Yokos Erfindung.

«Es ist totale Kommunikation ohne Vorurteile!» erklärte John, als er einmal gefragt wurde, was «Bagism» war; ein Zuhörer, meinte John, könne alles Gesagte vorurteilsfrei auf-

Der gefeierte britische Fernseh-Talkmaster Eamonn Andrews lud John und Yoko zum 1. April 1969 ein, ihr neues Credo «Bagism» zu demonstrieren. Und was die beiden dort vorführten, schien vielen, wie sich ein Journalist ausdrückte, als ob «ein Mann von beachtlichem Talent völlig neben die Spur geraten» sei.

nehmen, da er unbeeinflußt bleibe von der äußeren Erscheinung des im Sack verborgenen Sprechers. Leider war das nicht das, was die Journalisten hören wollten. Sie wollten den Star John Lennon natürlich *leibhaftig sehen*, und jetzt versteckte er sich in einem *Sack*. Würden die beiden bitte aus dem Sack herauskommen? Nein, das würden sie nicht. Woher sollte man dann wissen, daß es wirklich John und Yoko waren? Daraufhin sangen John und Yoko ein paar Takte, Yoko summte – wie John erklärte – ein japanisches Volkslied. «Bagism» sei ein neuer Trick, um für den Frieden zu werben, behauptete Lennon. Später erzählte er, er und Yoko hätten sich in dem Sack «köstlich amüsiert». Der *Daily Mirror* beurteilte den neuesten Lennon-Ono-Einfall auf seine Weise: «... ein wirklich großes Talent ... scheint völlig übergeschnappt zu sein.»

«Caught the early plane back to London, fifty acorns tied in a sack. / The men from the press said, ‹We wish you success, it's good to have the both of you back.›» Die Eicheln (acorns) gehörten zu Lennons und Onos Waffenarsenal für den Frieden; sie hatten sie 1968 im Namen des Friedens öffentlich gepflanzt und begannen schließlich, führenden Politikern in der Welt «von Präsident Nixon bis zum König von Jemen» (schrieb Philip Norman) Eicheln zu schicken und sie aufzufordern, es ihnen nachzutun. Ob die Lennons, wie die Liedzeile vorgibt, sich bei ihrer Rückkehr in England wirklich willkommen fühlten, steht dahin. Jedenfalls läßt die heitere Ironie, mit der sich John selbst im letzten Teil der «Ballad of John and Yoko» verspottet, darauf schließen, daß er die Feindseligkeit, die sein Land ihm und seiner neuen Frau entgegenbrachte, besser erkannt hat, als man ihm damals zutraute. Von Mitte 1969 an war er auf der Flucht: vor den Beatles, vor England, vor der Pop-Ikone John Lennon.

Anfang April war von Lennon die «Ballad of John and Yoko» aufgenommen worden, und zwar ironischerweise ausgerechnet zusammen mit Paul McCartney. Da Starr und

Harrison sich gerade im Ausland aufhielten, spielte McCartney nicht nur das Schlagzeug, sondern auch noch andere Parts in dem Song, so daß schließlich ein eingängiges Beatles-Stück daraus wurde. Der Song ist über die Jahre immer wieder unter Beschuß geraten und als reine Selbstbeweihräucherung von Lennon abgetan worden – Ian MacDonald beschreibt ihn als «fürchterlich egozentrisch». In Wirklichkeit ist das Stück eine einfache Rock-Ballade, die eine Geschichte erzählt, die die Fans auch hören wollten. Obwohl die Single in England im Juni 1969 zwei Wochen lang auf Platz eins in den Charts war, wurde sie hier und vor allem in den USA von den Radiosendern boykottiert – und zwar wegen des Refrains: «Christ you know it ain't easy, you know how hard it can be. / The way things keep going, they're going to crucify me.» In Australien wurde das Stück wegen «Blasphemie» verboten. Darum ging es aber gar nicht, sondern um eine späte Rache an Lennons «Jesus-Kommentar» von 1966. Es war die vierte Lennon-Komposition, die von einem solchen Bannstrahl getroffen wurde – der Boykott drohte zur Gewohnheit zu werden.

Von Peace zu Plastic

Einen Tag nachdem John und Yoko die Firma Bag Productions – eine Tochtergesellschaft von Apple – gegründet hatten, änderte er seinen zweiten Vornamen. Seiner Meinung nach war der Name «Winston», der Vorname Churchills, für einen internationalen Friedensaktivisten nicht länger passend. Seine zweite Frau hatte sein Leben verändert, Yokos feministische Tendenzen hatten ihn beeindruckt. Wieso sollte sie seinen Namen annehmen, wenn er nicht ihren annahm? Also ließ er am 22. April in einer kurzen Zeremonie auf dem Dach des Apple-Gebäudes seinen Namen urkundlich von «Winston» in «Ono» ändern. Nachdem sie auf diese Weise das Band ihrer Ehe noch verstärkt hatten – ihre Namen enthielten zusammengenommen jetzt neun O, und die Neun war schon immer Johns Glückszahl gewesen –, kauften sie im Mai ein neues Haus in Tittenhurst Park bei Ascot in Surrey. Doch bevor sie in die dreihundert Jahre alte Villa einzogen, standen noch einige Friedens-Aktionen auf dem Programm. Sie hatten geplant, in New York weitere Bed-ins und Bagism-Aktionen zu veranstalten, um für ihre Sache zu werben.

Als das Paar mit Kyoko, Derek Taylor und einem neuen Assistenten im Schlepptau in Southampton ankam, um sich auf der *QE 2* einzuschiffen, erfuhren sie zu ihrem Entsetzen, daß John wegen seiner Verurteilung wegen Drogenbesitzes kein US-Visum bekommen konnte. Also fuhren sie statt dessen auf die zu Großbritannien gehörenden Bahamas.

Dort angekommen, stellten Lennon und Ono schnell fest, daß die amerikanischen Medien sich für ihre Audienzen im

Bett im Hotel Sheraton Oceanus nicht im geringsten interessierten. Außerdem war es ihnen in der Karibik zu heiß. Also flogen sie vierundzwanzig Stunden später nach Toronto, wo sie prompt vom Zoll am Flughafen festgehalten wurden (das Problem war nicht nur Lennons Vorstrafe wegen Drogenbesitzes, sondern auch die ungeheure Menge an Gepäck – sechsundzwanzig Koffer –, die sie mit sich führten). Nachdem man ihnen schließlich provisorische Visa ausgestellt hatte, fuhren sie am 26. Mai nach Montreal und mieteten eine Suite im neunzehnten Stock des Hotels Queen Elizabeth.

Die zehn Tage, die sie dort im Bett verbrachten, erhielten sogar größere Medienöffentlichkeit als ihr Bed-in in Amsterdam. Sie luden den kanadischen Premierminister Pierre Trudeau zu einem Besuch ein und forderten ihn auf, Eicheln für den Frieden zu pflanzen. «Seine Eicheln interessieren mich nicht», soll Trudeau angeblich gesagt haben, «aber wenn er schon mal hier ist, würde ich ihn gern sehen. Er ist ein großer Poet.» Und ein halbes Jahr später, zwei Tage vor Weihnachten 1969, führte Trudeau in Ottawa ein zweistündiges Gespräch mit John und Yoko. «Wenn alle Politiker wie Trudeau wären, würde auf der ganzen Welt Frieden herrschen», lautete der Kommentar der beiden – was sicherlich Trudeaus berühmter Eitelkeit schmeichelte, aber als Statement leider wesentlich zu kurz griff.

Das Paar gab vom Bett aus Hunderte von Interviews, und bei einer dieser Gelegenheiten trat bei Yoko etwas zu Tage, das sich am ehesten mit Realitätsverlust umschreiben läßt. Solche Momente völliger Fehleinschätzung von Situationen und Maßverhältnissen gab es trotz ihres im Vergleich zu Lennon ausgeprägteren Talents für Publicity des öfteren. Die betreffende Äußerung machte sie gegenüber dem Cartoonisten Al Capp: «Wenn ich zu Hitlers Zeit ein jüdisches Mädchen gewesen wäre», verkündete sie, «wäre ich seine Geliebte geworden. Nach zehn Tagen mit mir im Bett hätte ich ihn von meinen Ansichten überzeugt.»

In Berkeley, Kalifornien, wo die «Students for a Democratic Society» (SDS) Massendemonstrationen zu Vietnam, zu schwarzen Bürgerrechten und Landrechten der amerikanischen Ureinwohner veranstalteten, gab Lennon ein weniger Anstoß erregendes Interview im Radio: Er rief die Demonstranten zu äußerster Friedfertigkeit auf, um die Polizei nicht gegen sich aufzubringen, was die Schüsse auf dem Campus der UC (University of California) in Berkeley, denen in jenem Sommer Studenten zum Opfer fielen, leider nicht verhinderte. «Gewalt erzeugt Gewalt, das ist ein universelles Gesetz. Okay, manche werden sagen, jede Situation ist anders, und es gibt Situationen, die Gewalt rechtfertigen, aber das ist ein Kompromiß, und ich behaupte, daß man Frieden nicht auf Kompromissen aufbauen kann ... Das Establishment inszeniert gern Kriegsspiele. Man will euch weismachen, Gewalt sei die einzige Lösung. Nennt mir eine mit Gewalt geführte Revolution, die den Menschen Frieden und Freiheit gebracht hat, dann werde ich sagen, okay, ihr habt recht. Seit zwei Millionen Jahren gibt es Gewalt in der Welt ... wieso sollten wir es also zur Abwechslung nicht mal mit Frieden versuchen?»

Kurz vor der Jahrtausendwende haben diese Sätze nichts an Aktualität eingebüßt. Im Jahr 1969 allerdings klangen solche Friedensaufrufe von Lennon und Ono eher wie ein hilfloses Händeringen, vor allem in bezug auf den weiter wütenden Vietnamkrieg. Zumal sie vorzugsweise in Schlafanzügen oder Säcken auftraten und von Eicheln für den Frieden redeten. Aber auch wenn die von ihnen gewählten Ausdrucksmittel äußerst exzentrisch und versponnen erschienen, der Spott, mit dem viele Blätter das seltsame Paar übergossen, war unangemessen. Ihre Aktionen *sollten* irritieren und verstören. Vielleicht konnte so wieder Betroffenheit entstehen bei viel mehr Menschen als bisher, wenn Vietnam mit neuartigen «Kampfstoffen» überzogen, Proteste in Prag gegen die sowjetische Invasion niedergeschlagen wurden mit

Panzern oder Araber aus ihren Häusern in Bethlehem und Ramallah gebombt wurden. Wie die siebziger Jahre gezeigt haben, als folternde und mordende Militärjuntas die Macht in Chile und kurze Zeit später in Argentinien übernahmen, als in Kambodscha Pol Pot sich daranmachte, ein ganzes Volk auszurotten, und Polizisten in Südafrika bedenkenlos auf schwarze Kinder schossen, ebenso wie die Massaker und Kriege der achtziger und neunziger Jahre in Afghanistan, im Iran und Irak, im Sudan, auf dem Tiananmen-Platz, in Bosnien, Tschetschenien und Ruanda, und wie sich immer deutlicher herauszustellen scheint, war die *Art* ihres Protestes *und* ihre Botschaft viel subversiver und grundsätzlicher, als die Medien damals wahrhaben wollten. John und Yoko mögen 1969 vielleicht lächerlich gewirkt haben, und ihr Verhalten mag auch heute noch «schräg» wirken, aber auf jeden Fall waren sie nicht ängstlich.

Ihr vielfach verunglimpfter Bett-Auftritt in Kanada wurde dann aber mit einem Song gerettet: «Give Peace a Chance». An ihrem letzten Samstagabend im Queen Elizabeth Hotel in Montreal, dem 1. Juni 1969, ließen sie das halb-improvisierte Lied auf einem tragbaren Nagra-Tonbandgerät in ihrem Hotelzimmer aufnehmen. Hier standen fünfzig Fans um ihr Bett herum und sangen den Refrain mit: «All we are saying is give peace a chance.» Die Anwesenden waren eine illustre Mischung aus berühmten Bewunderern, unter anderem Timothy Leary (der amerikanische LSD-Papst der sechziger Jahre), die englische Popsängerin Petula Clark und, wie Goldman berichtet, «ein ökumenisches Trio, das aus einem Priester, einem Rabbiner und dem Vorsteher des kanadischen Zweiges des Radha Krishna-Tempels bestand».

«Ev'rybody's talking about Bagism, Shagism, Dragism, Madism, Ragism, Tagism, Thisism, Thatism ...»: bei all seiner intellektuellen Verschwommenheit hatte Lennon seinen persönlichen Stil nicht verloren. Auf der Höhe ihrer beider deutlich von Yoko inspirierten Friedenskampagne war Lennon gleichwohl der alte Wortspieler, der immer noch seinen ansteckenden Beatles-Jargon beherrschte. Er kritzelte den Text seines Songs auf Zettel, die er an den Wänden aufhängte, damit die etwa fünfzig Aushilfssänger mitsingen konnten, was einige auch taten, bis alle zusammen sich beim Refrain trafen.

«Ev'rybody's talking about Ministers, Sinisters, Banisters and Canisters, Bishops and Fishops, Rabbits and Popeyes», sangen sie eher recht als schlecht zusammen mit Lennon. Und: «Revolution, Evolution, Masturbation, Flagellation, Regulations, Integrations, Meditations, United Nations» bis hin zur Liste der Leute, über die «everybody» am Reden war: inklusive «John and Yoko», «Timmy Leary», «Bobby Dylan», «Derek Taylor» (der ebenfalls anwesend war), «Norman Mailer» und «Allen Ginsberg», der die beiden kurz zuvor in ihrer Suite besucht hatte.

Mitsamt der «unverständlichen» Mischung aus Spiel und Ernst gilt «Give Peace a Chance» bis heute als Inbegriff von Johns und Yokos Aktivitäten des Jahres 1969, es ist das herausragende Produkt ihrer Werbekampagne für eine gute Sache und der spontanste und zugleich langlebigste Song, der während eines bewegten Jahrzehnts immer wieder im Namen des Friedens gesungen wurde.

Erstaunlicherweise gilt der Song bis heute offiziell als Beatles-Song, weil er am 4. Juli von Apple herausgebracht wurde; die Gruppe, unter deren Namen das Stück veröffentlicht wurde, war jedoch eine völlig neue Gruppe namens Plastic Ono Band.

Im Sommer des Jahres 1969 waren Lennon und Ono die einzigen, die wußten, wer zu der neugegründeten Band gehörte – nämlich sie selbst. Bis September hatte die Formation sich völlig verändert: außer Lennon und Yoko gehörten nun Klaus Voorman, ein Bassist aus der Hamburger Zeit der Beatles, und Eric Clapton dazu. Am 13. September gab die Plastic Ono Band einen eher spontanen, unprofessionellen

Live-Auftritt beim Rock 'n' Roll Festival in Toronto – natürlich im Namen des Friedens.

Ihr Sound allerdings war alles andere als friedlich; die Musiker der Plastic Ono Band hatten nur ein einziges Mal zusammen geprobt, nämlich auf dem Flug nach Kanada. Im Varsity Stadium von Toronto wirbelte ein ausgemergelt wirkender, zotteliger Lennon vor einer ekstatischen Menge über die Bühne und schmetterte «Blue Suede Shoes», «Money», «Dizzy Miss Lizzy», das zermürbende «Yer Blues» vom «Weißen Album» und schließlich einen wirklich strapaziösen Song, den noch niemand kannte: «Cold Turkey».

Cold Turkey ist das, was man beim Entzug von Heroin erlebt ... Nach ihrer Rückkehr aus Montreal hatten John und Yoko in Tittenhurst Park wieder angefangen, Heroin zu nehmen, hatten es jedoch mit Willenskraft und der Unterstützung von Paul McCartney, der nach wie vor unbedingt wollte, daß die Beatles wenigstens weiterhin zusammen Musik machten, im August geschafft, wieder davon loszukommen.

Als das Konzert in Toronto stattfand, hatten die Fab Four bereits alle Aufnahmen für ihre definitiv letzte gemeinsame Langspielplatte «im Kasten»: es handelte sich um die am 26. September erschienene *Abbey Road*, die als «Abschiedsgeschenk» an die immense Fan-Gemeinde noch einmal alle Erwartungen erfüllte, die vier Musiker noch einmal auf einem Höhepunkt ihres Könnens und ihres Einfallsreichtums präsentierte.

Als diese legendäre LP in die Läden kam, ging John Lennon gerade daran, seine erste Single mit der neuen Plastic Ono Band aufzunehmen – den ersten einer langen Serie von sehr direkten Songs, die heute zu Recht mit dem John der Nach-Beatles-Zeit assoziiert werden. Das Stück ist krude und expressiv und in den letzten Akkorden orgastisch. Aus dem anzüglichen Grunzen von «Revolution 1» ist in «Cold Turkey» Stöhnen geworden – von den Krämpfen und Schmerzen des

Heroinentzugs bis hin zum sexuellen Höhepunkt als Erlösung.

Dieser «neue» John Lennon hatte einmal mehr seine Musik zur unmittelbaren Zustandsbeschreibung gemacht – Extremzustände waren hörbar, die dem Lebensgefühl der Jugendlichen entsprachen. Man war «high» oder «down», auch ohne Drogen- oder Sexrausch, denn alles schien in Bewegung gekommen zu sein – sogar die Männer- und Frauenrollen. So trat Yoko auch in Toronto gleichberechtigt neben John auf die Bühne: nachdem er ein bewegendes «Give Peace a Chance» gesungen hatte, schlüpfte sie am Bühnenrand aus einem Sack und begann mit einem fast zwanzigminütigen Silben- und Klangmix mit dem Titel «Don't Worry Kyoko (Mummy's Only Looking for Her Hand in the Snow)», das auch Heulen, Jodeln, Summen umfaßte. Sie wurde von einem empörten Publikum wütend ausgepfiffen, doch das focht die beiden nicht an. Einen bedeutenden Einschnitt markierte *Live Peace in Toronto*, wie die Plattenaufnahme des Konzerts später genannt wurde, deshalb, weil John Lennon hier zum erstenmal vor einer riesigen Zuhörerschar nicht mit den Beatles, sondern mit seiner Frau aufgetreten war.

War sie schuld?

Das sechste Stück auf Seite eins von *Abbey Road* «I Want You (She's So Heavy)» klingt wie ein Hard-Rock-Stück der frühen siebziger Jahre, eine Komposition, die aus der weitgehend lieblichen Umgebung der Musik dieser zusammenhängenden Songs der LP herausschießt wie eine Rakete, die über sanften, grünen Hügeln explodiert. Allan Kozinn nennt das Stück «einen der innovativsten» Songs dieses Albums und «eine Art minimalistisches Experiment». Ian MacDonald bezeichnet es als «einen der erregtesten von allen Beatles-Songs». Er weist darauf hin, daß die Beatles *sechs Monate* bis zu seiner endgültigen Fassung an dem Stück gearbeitet haben. Seine Entstehungszeit fällt also etwa in den Zeitraum von Yokos Scheidung und eines spontanen Auftritts von Yoko und John bei einer Avantgarde-Jazz-Veranstaltung in Cambridge (am 2. März) bis August 1969, als die beiden wochenlang vom Entzug gebeutelt wurden. Es ist eine Komposition von Lennon, und sie handelt von nichts anderem als von seinen Gefühlen für Yoko. Es klingt fast wie eine Eintragung aus Lennons Tagebuch von 1969: «I want you, I want you so bad, I want you. / I want you so bad it's driving me mad, it's driving me mad.»

Es wirkt wie bittere Ironie, daß Yoko während der Aufnahmen von *Abbey Road* schwanger war und erneut krank wurde: Lennon bestand darauf, ein Bett für sie im Studio aufzustellen, damit sie weiterhin dabeisein konnte, als die faszinierenden Licks von «Come Together», die pulsierenden Akkorde von «I Want You», die hellen Klänge von «Because» und Spielereien von «Mean Mr. Mustard» und «Polythene

Pam» – Lennons unverwechselbare Beiträge zu der Platte – aus den Studiolautsprechern zu hören waren. Am 12. Oktober, drei Tage nach Johns neunundzwanzigsten und vier Monate vor ihrem sechsunddreißigsten Geburtstag, erlitt Yoko ihre zweite Fehlgeburt.

In «I Want You» bildet sich klanglich noch anderes ab als Lennons Begehrlichkeit gegenüber seiner Frau. Es wird hier hörbar, wie weit er sich mittlerweile von der Popmusik der Beatles entfernt hatte. Sein Interesse an Klangstrukturen, Rückkopplungseffekten, Verzerrung von Klängen durch Tonbandmanipulationen, Disharmonien und weißem Rauschen, das auf verschiedenen früheren LPs sich bereits andeutete und nicht erst von Yoko Ono inspiriert wurde, drückt sich in «I Want You» deutlicher und umfänglicher aus als zuvor.

Und Yoko Ono? Ihre Post-Fluxus-Aktionen in London, hauptsächlich Ausstellungen und Filme, gehörten zur teilweise spontan entstandenen Underground- und Gegenkultur der sechziger Jahre und hatten die Zeit nicht überdauert. Sie war schon immer eher eine Frau der Gesten gewesen als eine Frau der Produkte, das war ein Kennzeichen ihrer Kunstrichtung. Ihr berühmt-berüchtigter Film *Bottoms*, eines ihrer wenigen Werke aus jener Zeit, das materielle Form annahm und in Erinnerung geblieben ist (und über das viel gespottet wurde), erlebte 1967 in einem Privatklub in Soho seine Uraufführung. Wenn in jedem Fernsehinterview Gesichter gezeigt wurden, so war der Underground es sich schuldig, die andere Seite zu zeigen: die Hintern. Und selbst wenn der Film schrecklich langweilig war, so hat er doch gezeigt, daß auch von hinten jeder anders aussieht. In ihrer Kunst war Yoko ohnehin in erster Linie an Ideen interessiert, und als sie John Lennon begegnete, mochte seine Bekanntheit zu einer Herausforderung für sie geworden sein, der sie nicht widerstehen konnte: Mit ihm öffneten sich wesentlich weitere Wirkungsbereiche als je zuvor. Diese nahm sie wahr – für sich mit Einzelauftritten wie beim Filmfestival in Knokke im selben Jahr – und zunehmend zusammen mit John Lennon.

«Da sie ihm geistig überlegen war», sagt MacDonald, «beeinflußte sie ihn mehr als umgekehrt, und da er ihr auf künstlerischer Ebene überlegen war, drang dieser Einfluß durch seine Musik auf direktem Weg an die Öffentlichkeit.» Diese Musik war zum Teil sehr gut, obwohl «Cold Turkey» in den Ohren der Beatles-Fans extrem hart klang und sich schlecht verkaufte. Und dann wurde das Stück natürlich verboten: Lennon-Song Nummer fünf, der von den Rundfunksendern erledigt wurde.

Als Musik fragwürdig – ähnlich wie *Two Virgins* – waren demgegenüber Erzeugnisse, die das Paar im Lauf des Jahres 1969 herausbrachte: im Mai kam *Unfinished Music No. 2 – Life with the Lions* auf den Markt, mit einem Cover, das ebenfalls sehr ähnlich wie *Two Virgins* die als höchst privat und intim geltende Sphäre öffentlich darstellt. Auf der Vorderseite ist Yoko im Bett der Queen-Charlotte's-Entbindungsklinik zu sehen, während ihr Mann auf dem Boden daneben liegt – die verstörten Opfer der erwähnten Fehlgeburt. Auf der Rückseite sieht man sie umringt von Polizisten, als sie in Gewahrsam genommen werden und gleichzeitig den Massen neugieriger Fans zu entkommen suchen, die mehr über die am Morgen durchgeführte Drogenrazzia wissen wollen.

Auf der LP werden dem Hörer zwanzig Minuten des Jazz-Festivals geboten, das im März in Cambridge stattgefunden hatte: Yoko Ono singt, heult, schreit ihr «Stück», das sie auch in Toronto aufführte: «Don't Worry Kyoko (Mummy's Only Looking for Her Hand in the Snow)», und auf Seite zwei trägt sie zu einem begleitenden Singsang von Lennon die Texte von Zeitungsartikeln vor, dann sind vier Minuten lang die Herztöne des sterbenden Fötus zu hören. Das war im Mai. Im November brachten sie eine LP heraus mit dem Titel *The Wedding Album*. Wenn die Hochzeit von John und Yoko *die* Hochzeit des Jahres 1969 war, dann läßt dieser Titel darauf schließen, daß die beiden sich dessen absolut bewußt waren. Es gibt keine Musik auf der Schallplatte. Auf der A-Seite rufen John und Yoko sich in einer Art koitalem Mantra gegenseitig beim Namen, während die B-Seite Auszüge aus einem Interview enthält, das die beiden während des Bed-in in Amsterdam gegeben hatten. Die Plattenhülle enthielt außer der LP eine Kopie der Heiratsurkunde von Lennon und Yoko sowie ein Poster mit einer Collage der Fotos, die David Nutter bei der Hochzeit in Gibraltar gemacht hatte, Zeitungsausschnitte, Kopien von ein paar Zeichnungen von Lennon und ein Stück Hochzeitskuchen aus Plastik.

So trug auch dieses «Hochzeitsalbum» wieder deutlich Yokos minimalistische Handschrift und schien auch für John Lennons neue Richtung zu sprechen. Er schien jetzt und hier mit Yoko Ono gemeinsam Nichtkunst zur Kunst zu erklären.

MacDonalds Kommentar dazu ist ziemlich hart: «Von allen Hirngespinsten, mit denen Ono ihren Mann damals überhäufte, war das schlimmste ihre Überzeugung, daß Kunst sich nur um den Künstler selbst dreht und um nichts anderes. Sie bestätigte Lennon nicht nur in seiner Egozentrik, sondern torpedierte seinen Universalismus. Und im Kampf zwischen diesen beiden Extremen, den emotionalen Widersprüchen, mit denen er sich ein Leben lang plagte, trieb Lennon vom Heroin zur Urschrei-Therapie, vom Maoismus in den Alkohol, dem er in den folgenden drei Jahren verfiel.»

Mit der Urschrei-Therapie von Arthur Janov und dem Maoismus würde Lennon sich als nächstes beschäftigen. Auf der Suche nach emotionaler Stabilität, nach einem Umgang mit sich und der Öffentlichkeit, die ihm zunehmend zur Belastung wurde, immer weniger Verhaltensmöglichkeiten offenzulassen schien. Der Alkohol kam später, als sich herausstellte, daß weder intellektuelle Auseinandersetzung noch der Einsatz für die Sache des Friedens, noch seine Liebe zu Yoko ihn von seiner chronischen Unsicherheit zu befreien vermochten, die wohl vor allem durch seine zerrissene Kindheit verursacht war, aber auch ganz akut von den wie Sozialisationsinstanzen wirkenden Medien, die auf seine Eigenwilligkeiten nur zu gern mit Spott und Häme reagierten.

Womit Lennon – abgesehen von den nie unproblematischen Geldverhältnissen, seit die Beatles «es geschafft» hatten – sich außerdem zurechtfinden mußte, war das unaufhaltsame Auseinanderdriften der vier Freunde aus Liverpool. Selbst wenn er seit Mitte der sechziger Jahre kein großes Interesse mehr an ihrer Zusammenarbeit und engeren Freundschaft hatte, sondern in erster Linie ein eigenständiger Künstler sein wollte (was immer das heißen mochte), seine Suche nach Neuem, das innere «weg – wohin?» hatte mit diesem Auflösungsprozeß angefangen. Vielleicht war er außerdem sowohl sexuell als auch emotional gelangweilt, als plötzlich und unerwartet Yoko Ono auftauchte. Blickt man auf die Zeit von 1966 bis 1970 zurück, wie ich es hier versucht habe, wird deutlich, daß für die Auflösung der Beatles viele sehr unterschiedliche Faktoren eine Rolle spielten, Yoko daran zwar nicht unbeteiligt war, aber keinesfalls die Verantwortung dafür trägt.

Es steht außer Frage, daß Yoko Onos Ansehen als Künstlerin wuchs und sie internationale Beachtung fand, als sie sich Lennon zum Geliebten und dritten Ehemann auserkor. Ohne diese Verbindung mit dem Star wäre sie eine dem großen Publikum unbekannte Künstlerin geblieben und wahrscheinlich schon viel früher nach New York zurückgekehrt. Als sie John Lennon im November 1966 begegnete, war sie bereits eine zielstrebige, erwachsene Persönlichkeit, was man von ihm so noch nicht behaupten konnte. Als sie merkte, daß ihre Annäherungsversuche nicht fruchtlos blieben, beflügelte dies die Künstlerin in ihr – eine ganze Reihe von Produktionen entstanden 1967, neben ihrem Film und der «Half a Wind»-Ausstellung auch das ‹pamphlet on film no 4› und im September das «13 days do-it-yourself dance festival in your mind», das bis zum 7. Oktober dauerte – ein weiteres Event à la Fluxus. Aber mit einem Popstar von Lennons öffentlicher Wirksamkeit, mit seiner eigenen Rebellion gegen alles Konventionelle und seiner Suche nach neuen künstlerischen Ausdrucksmöglichkeiten war ihr jemand begegnet, der gut zu dem paßte, was sie wollte. Und ebenso wie er mit ihr hatte sie wohl auch emotional mit ihm einen Menschen gefunden, den sie wollte und mit dem sie es aushalten konnte. Im Unterschied zu jeder anderen Frau jedoch, die sich plötzlich in einer solch privilegierten Stellung befunden hätte, zeigte Yoko sich gänzlich unbeeindruckt, als sie öffentlich John Lennons Geliebte wurde. Sehr zum Unwillen der in die Beatles vernarrten Fans zeigte sie sich stets mit ernstem, undurchdringlichem Gesicht in der Öffentlichkeit und überließ John das Reden. Es war dieser scheinbare Mangel an Freude über das unerwartete Glück, der ihr die Ablehnung des breiten Publikums eintrug. Maureen Cleave, die Londoner Journalistin, die als erste Lennons «Jesus-Bemerkung» veröffentlicht hatte, drückte es so aus: «Lennon sagte, es liege daran, daß sie Japanerin war, aber ich glaube, es lag daran, daß sie nie lächelte.»

Wie sah Yoko Ono selbst die Dinge dreißig Jahre später?

«Rückblickend», sagte sie 1996 gegenüber dem Magazin Q, «verstehe ich, daß es euch verletzt haben muß. Es muß hart für euch gewesen sein, einen eurer Helden neben einer Frau stehen zu sehen, und dazu neben einer solchen Frau ...»

Tatsache ist, daß Yoko Lennon 1966 besser durchschaute als jede andere Frau in seinem Leben: «John war einfach ein Rebell, und ich war eine Rebellin, und da sind wir uns über den Weg gelaufen, und er war ganz wild darauf, alles mögliche anzustellen. Er hatte es in sich, all diese unglaublichen Dinge zu tun. Und als er dann einer Frau begegnete, die all diese Dinge tat, da hat er sich gesagt, das ist es, das hätte ich auch alles tun müssen ... Ich glaube, daß ich ihm in gewisser Weise den Freiraum dazu verschafft habe.»

Auch nach 1969/70 fuhren John und Yoko fort, «unglaubliche Dinge» zu tun. In einem der experimentellen Filme, die das Paar in jenem Herbst vorführte, war Lennons Penis im Prozeß des Erigierens zu sehen. Von diesem Film hat lediglich Yokos ungewollt doppeldeutiger Kommentar – bei einer Pressekonferenz im Apple-Büro – überlebt: «Die Kritiker weigerten sich, ihn anzurühren.»

Anfang Dezember 1969 entdeckten die beiden eine neue Sache, für die sie sich einsetzen wollten, nämlich die 1961 erfolgte Hinrichtung von James Hanratty, der wegen Mordes verurteilt worden war, von vielen jedoch für unschuldig gehalten wurde. Die Lennons beschlossen, einen Film über die «Kontroverse» zu drehen, der schließlich viel später, im Februar 1972, in der Krypta einer Londoner Kirche gezeigt wurde.

Im Januar 1970 wurde eine Ausstellung von Lennons Zeichnungen in der London Art Gallery in der Bond Street von einer Polizeirazzia heimgesucht, weil einige der Exponate aufgrund eines Gesetzes von 1839 als «obszön» galten. Die Zusammenstellung enthielt einige sehr explizite Zeichnungen, die Lennon in Amsterdam von seinen und Yokos sexuellen Freuden gestrichelt hatte. Heute werden diese Zeichnungen überall in der Welt in respektablen Museen ausgestellt (sie sind im Besitz des Museum of Modern Art in New York). Immer noch galten bildliche Darstellungen geschlechtlicher Handlungen, selbst in dem angeblich so liberalen Wassermannzeitalter, als anstößig und dem Auge der Öffentlichkeit nicht zumutbar. Die von Scotland Yard angestrengte Klage wurde dann im April vor Gericht abgewiesen, und die unter dem Titel *Bag One* gedruckte Serie galt kurze Zeit als einer der begehrtesten Artikel auf dem Kunstmarkt.

Im Februar 1970 beschlossen Lennon und Ono, ihre Berühmtheit für die Sache der Black Panthers einzusetzen. Mit einer öffentlichen Zeremonie übergaben sie auf dem Dach eines Hauses in Nord-London Michael X, einem

Black-Power-Aktivisten, die Tüte mit ihren abgeschnittenen Haaren, die dieser später verkaufte, um Geld für sein «Black House» zu sammeln; im Gegenzug erhielten John und Yoko von Michael X eine blutbefleckte Boxkampfhose von Muhammad Ali, die die beiden wiederum für den Frieden versteigern wollten. Viele Journalisten waren für dieses vorbereitete Event nicht zu interessieren, sie nahmen inzwischen mit Argwohn auf, was Apple ihnen an John-und-Yoko-Auftritten anbot. Diese neueste Inszenierung, die aber fotografisch dokumentiert ist, stieß weitgehend auf Desinteresse. Keine einzige Ablichtung erschien am nächsten Tag in den Zeitungen – das war in der Geschichte der Beatles noch nie dagewesen.

Eine andere politische Geste aus dieser Zeit jedoch erregte wieder die Gemüter in England und wurde nie vergessen. Vielleicht wurde sie John Lennon von einigen nie verziehen: am 25. November 1969 gab er seinen MBE-Orden zurück.

«Eure Majestät», schrieb er in seinem Brief an Königin Elisabeth II., «ich gebe hiermit meinen MBE zurück, um gegen Großbritanniens Beteiligung an dieser Nigeria-Biafra-Geschichte zu protestieren, gegen unsere Unterstützung der Vereinigten Staaten im Krieg gegen Vietnam und dagegen, daß *Cold Turkey* in den Charts abrutscht. Liebe Grüße, John Lennon of bag».

Die Verwicklung Großbritanniens in den Bürgerkrieg in Nigeria bestand darin, daß die Briten die Truppen von Präsident Gowon mit Nachschub und Material versorgten. Wie die meisten Europäer kannten beide Lennons von Biafra die Bilder des Hungers und der Zerstörung, die täglich über die Fernsehschirme flimmerten («diese Nigeria-Biafra-Geschichte»), und er wird mit seinem Protest vielen aus der Seele gesprochen haben, als er allein durch die Erwähnung des Wortes «Biafra» an diese Schrecken erinnerte, die zu den Greueln in Vietnam dazugekommen waren. Mit dem letzten Satz vom Verschwinden seines «Cold Turkey» aus den

Charts gibt er – wieder einmal – ein für diese Phase bei ihm charakteristisches Statement ab, das nur Irritation bei allen Teilen der Öffentlichkeit hervorrufen konnte. Im Zusammenhang der gemeinsamen Aktionen gegen den Krieg könnte er auch so gedeutet werden, daß hier John Lennon die Rolle des Wortführers einer Generation im Kampf für den Frieden sowohl übernimmt als auch ablehnt: Er zeigt sich ganz als Privatperson mit seinen «kleinen Eigeninteressen», selbst ohne mit Yoko im Bett zu liegen.

Als Jahre später bekannt wurde, auf welche Weise er sich seinen MBE, der bei seiner Tante Mimi lag, beschafft hat, waren viele Lennon-Fans schockiert. Er hatte seinen Fahrer Les Anthony nach Poole in Dorsetshire geschickt, wo die Tante wohnte – sie war diejenige, die John großzog, nachdem ihn seine Eltern im Alter von sechs Monaten bei ihr abgeliefert hatten. Sie bewahrte den Orden, ihren kostbarsten Besitz, auf ihrem Fernsehgerät auf. Anthony fragte sie, ob es ihr etwas ausmachen würde, John den Orden für eine Zeitlang zu leihen. Mimi hatte nichts dagegen, betonte jedoch, sie wolle ihn zurückhaben. Als sie am nächsten Tag in der Zeitung las, daß John ihn der Queen zurückgegeben hatte, war sie zutiefst erschüttert.

Zwei Monate später zeigte er sich den Beatles gegenüber als *bad guy*. Ohne Paul oder den anderen beiden etwas davon zu sagen, übergab Lennon dem unabhängigen Produzenten Phil Spector, der künftig fast sämtliche Lennon-Produktionen in den USA übernahm, die unfertigen Bänder von *Let It Be* mit der Anweisung, etwas daraus zu machen ... McCartney geriet völlig außer sich über die Änderungen und Zusätze (Overdubs), die Spector vor allem bei dem Stück «The Long and Winding Road» (eine Komposition von McCartney) vorgenommen hatte. Die Farce, die sich abspielte, als die LP schließlich 1970 auf den Markt kam, brachte die Beatles endgültig auseinander.

Die einzigen Menschen, die John und Yoko zu Beginn der

siebziger Jahre wahrscheinlich wirklich liebten, waren John und Yoko. Ihre Publicity für den Frieden war noch nicht vorüber, und sie sollten ihr Publikum noch mit weiteren Aktionen verblüffen. Allerdings war nicht zu übersehen, daß ihre Popularität stark nachgelassen hatte nach 1970 – jedenfalls in England. Das musikalische und kulturelle Klima hatte sich gewandelt. Während Phil Spector dabei war, den Stücken von *Let It Be* seinen Stempel aufzudrücken, wurde *Abbey Road*, das seit vier Monaten die englischen Charts angeführt hatte, von einem außergewöhnlichen, völlig neuartigen Album von Platz eins gestürzt: *Led Zeppelin II* kündigte eine neue, härtere Rock-Ära an und sorgte dafür, daß die sechziger Jahre und die Beatles ziemlich schnell in Vergessenheit gerieten.

Was tat der Ex-Beatle in der Zwischenzeit?

Mit Yoko an seiner Seite, die ihm hin und wieder die Hand hielt, konnte John Lennon endlich versuchen, sich selbst zu finden.

Scream, Mother

«Yoko Ono erfüllte John Lennons älteste und tiefste Sehnsucht, die Sehnsucht, wieder mit seiner Mutter vereint zu sein, während sie gleichzeitig sein Verlangen nach einer Geliebten und einem männlichen Freund stillte. Die Aufhebung der Grenzen zwischen den Geschlechtern und die Überschreitung der Grenze zum Inzest ist der Schlüssel zu dieser Beziehung ...»

Albert Goldman macht in seiner Biographie viel Aufhebens um John Lennons sexuelle Unstetigkeit, besonders um seine latente Homosexualität. Er behauptet sogar, Lennon habe, bis er Yoko kennenlernte, eine sexuelle Beziehung zu Brian Epstein unterhalten. Das paßt zu dem Bild, das Goldman von Lennon kreiert – eine Mischung aus Sid Vicious und Nero –, aber wie immer sind seine Belege und Zeugen nicht die zuverlässigsten.

Es besteht durchaus Grund zu der Annahme, daß Lennon homosexuelle Anlagen hatte (wenn auch keine besonders ausgeprägten), und daß andererseits seiner überwältigenden Liebe zu Yoko ein Element der Mutterfixierung innewohnte – was in der männlichen Sexualität häufig anzutreffen ist.

Umgekehrt ist zu bezweifeln, daß Yoko mütterliche Gefühle für John empfand, da Mütterlichkeit und Versorgungsrolle überhaupt nicht ihre Sache waren. Vielmehr wird sie in ihm einen widersprüchlichen, manchmal jähzornigen, manchmal bestürzten und insgesamt eher schwachen, psychisch instabilen Mann gefunden haben. Und man kann behaupten, daß seine emotionalen und sexuellen Bedürfnisse an sie von Anfang an immens waren und manchmal für ihn selbst fast unerträglich. Aber diese Bedürfnisse und die Art und Weise, wie John und Yoko damit umgingen, mit Rollentausch und «Inzest» erklären zu wollen, geht wohl an den Realien vorbei. Wenn es einen Schlüssel gibt, der die Beziehung zwischen John und Yoko erklärt, dann ist er in ihrer gemeinsamen Lust am Neuen und Unbekannten zu finden und in der Art, wie sie – angesichts der Berühmtheit, die sie bis 1970 erlangt hatten – das private Wunder, das ihren Ruhm begleitete, zelebrierten und auslebten. Wie in Millionen normaler Ehen begannen die Probleme der beiden in dem Augenblick, als ihnen die Ideen ausgingen.

Nachdem die Beatles sich getrennt hatten, widmeten sich John und Yoko dem Frieden in der Welt. 1969 wurden zehn Tage vor Weihnachten in elf Großstädten rund um die Welt riesige Poster aufgehängt, auf denen zu lesen war: «War Is Over! If You Want It. Happy Christmas from John & Yoko.» Es war der verbale Höhepunkt ihrer massiven exzentrischen Kampagne für den Frieden. Doch bis zum Frühjahr 1970 hatten ihre Bemühungen wenig Früchte getragen. In ihrer Villa in Tittenhurst Park konsumierten die beiden noch immer große Mengen Drogen – hauptsächlich Methadon, das in späteren Jahren zur Heroin-Entziehung als Austausch- und Übergangsmittel eingesetzt wurde. Vor allem Lennon war zu diesem Zeitpunkt völlig halt- und ziellos.

Als im April aus den USA ein Päckchen mit einem Buch eintraf, schien sich eine Lösung anzubieten. In seinem Buch *Der Urschrei* propagierte Dr. Arthur Janov die Rückkehr zu frühkindlichen Gefühlen und Erlebnissen, um zu sich selbst zu finden: zum ursprünglichen Ich, das auf dem Weg ins Erwachsenenleben verschüttet wurde. Das Buch enthielt Berichte von Leuten, die sich «wiedergeboren» fühlten, nachdem sie (mit Hilfe von Janov) durch die Wiederholung ihres ersten, als Säugling ausgestoßenen Schreis wieder Zugang zu solchen ursprünglichen Erlebnissen gewonnen hatten.

Mit kurzem Haar – eine symbolische Geste von John und Yoko, mit der sie die sechziger Jahre hinter sich ließen und ein «straighteres» Jahrzehnt begannen – sieht das Paar vom Bett aus Fernsehen in Tittenhurst Park, ihrem Landsitz südlich von London, den sie Mitte 1969 gekauft hatten.

Janovs von der Freudschen Psychoanalyse ausgehende Theorie und Praxis, von der Schulmedizin mit Mißtrauen beäugt, schien einen Weg aus dem emotionalen Chaos anzubieten. (Die Urschreitherapie wurde in den siebziger Jahren zu einer regelrechten «Mode-Therapie».) John Lennon stand im Alter von neunundzwanzig Jahren unter extremem Leidensdruck; seine Frau, die selbst großen Leidensdruck kannte (unter anderem während des Krieges, als ihr dritter Ehemann noch keine zehn Jahre alt war, sowie später, Ende der fünfziger Jahre), hatte im Lauf der Zeit ihre eigenen Methoden entwickelt, mit dem Schmerz umzugehen: eine davon war «Schreien». Lennon sah sofort einen Zusammenhang zwischen Janov und Yoko, auch deshalb, weil Yoko der einzige Mensch gewesen war, der es gewagt hatte, ihn aufzufordern, er solle versuchen, seine Selbstschutzmechanismen zu durchbrechen, um den echten John dahinter zu entdecken.

1970 bedeutete das für Lennon, sich den John genau anzusehen, der er gewesen war, bevor er ein Beatle wurde. Seit Anfang 1941 unter der Obhut seiner Tante Mimi, erlitt er einen Schock, als 1946 plötzlich sein vagabundierender, zur See fahrender Vater Freddie auftauchte und ihn vor die Wahl stellte, entweder mit ihm zu kommen oder mit Julia, seiner Mutter, zu gehen. John entschied sich für Julia, die ihn kurz darauf wieder bei Tante Mimi ablieferte. Er wurde von seiner Tante und deren Ehemann George großgezogen; George starb jedoch, als John fünfzehn war. Drei Jahre später, als John gerade anfing, seine Mutter näher kennenzulernen, wurde sie vor Tante Mimis Haus von einem Auto überfahren. Der Song «Julia», den er für das «Weiße Album» 1968 aufnahm, war die erste Anspielung, die Lennon auf dieses schreckliche Ereignis machte – beziehungsweise überhaupt auf etwas, das mit seiner Mutter zu tun hatte. Und nicht zufällig taucht in dem Lied auch Yokos Name – übersetzt als Ocean Child – auf.

Janovs Theorie verhalf Lennon zu der Erkenntnis, daß ihm als Kind zweierlei verwehrt gewesen war: eine Mutter und ein positiver emotionaler Start ins Leben. Lennon war inzwischen klar, daß seine Kindheit und Jugend von Schmerz und Leid geprägt gewesen waren, und der überwältigende Erfolg der Beatles hatte all diesen Schmerz lediglich betäubt.

«Ich bin nur ein Star geworden, weil mein Bedürfnis nach Verdrängung so stark war», sagte Lennon Anfang 1971 zu Robin Blackburn. Was jedoch weder er selbst noch Yoko wirklich begriffen, und was dieses Statement nicht berücksichtigt, ist, daß Lennon unglaubliche Reserven besaß, eine Fähigkeit, die düsteren Seiten des Lebens auszublenden, wodurch er vielen Songs der Beatles eine faszinierende Spannung verliehen hat, eine Kraft, die Worte nicht ausdrücken können: von Songs wie «Yes It Is» und «Norwegian Wood» aus dem Jahr 1965 bis «Don't Let Me Down» und «I Want You» aus dem Jahr 1969.

Wie ist vor diesem Hintergrund John Lennons erstes Solo-Album zu deuten? Falls in den kommenden Jahrzehnten die Kritiker nach einem Vermächtnis suchen, das aus der Trennung der Beatles hervorgegangen ist und etwas über die Kultur aussagt, deren Abschied es besiegelt, dann wird es die LP *John Lennon/Plastic Ono Band* sein, die im Dezember 1970 auf den Markt kam. Es ist ein erstaunliches Album, das mit den Jahren an Bedeutung gewinnt, denn es war seiner Zeit weit voraus. Ich räume gern ein, daß «Communication Breakdown» von Led Zeppelin, ein Stück, das aufgenommen wurde, während die Beatles Ende 1968 dabei waren, den Aufnahmen für das «Weiße Album» ihren letzten Schliff zu verleihen, als erstes Punk-Rock-Stück gelten kann. Aber das erste Punk-Album war *John Lennon/Plastic Ono Band*. Zwanzig Jahre nachdem in England der Punk entstand, klingt in Stücken wie «I Found Out», «Isolation» und «Well Well Well» viel von dem lauten, nackten, gnadenlos «unmusikalischen» Stil der besten Stücke von The Clash und The Buzzcocks an.

Allerdings machte Lennon sich nie den kompromißlosen Nihilismus zu eigen, der die destruktiveren Seiten des Punk kennzeichnet. Seine erste Solo-LP ohne Beatles und ohne Yoko, die durchaus nihilistisch genug ist, wird auch Lennons «Urschrei-Album» genannt. Völlig begeistert von seinem Buch luden die Lennons Janov zu sich nach Tittenhurst Park ein, wo sie bereits mit Urschrei-Übungen experimentiert hatten. Schließlich ließen sie sich von Janov dazu bewegen, ihn Ende April in seinem Institut in Los Angeles aufzusuchen. Sie verbrachten mehrere Monate dort, was für John und Yoko, die meistens keine große Ausdauer besaßen, eine außergewöhnlich lange Zeit war. Zum Schluß hatte Yoko Janov im Verdacht, er wolle Lennons Ruhm ausnutzen und die beiden womöglich heimlich filmen, wie sie sich schreiend am Boden wälzten und John nach seiner Mummy und seinem Daddy rief. Aber sie standen die Therapie bis zum Ende durch, und später beschrieb Lennon seine Erfahrungen Robin Blackburn gegenüber recht anschaulich:

> Die Therapie macht einem jeden Aspekt und jeden Augenblick seines Lebens bewußt – es ist grauenhaft, du stellst auf einmal fest, daß die Angst, die dich mitten in der Nacht mit Herzrasen aufwachen läßt, zu dir selbst gehört und nicht von irgend jemandem oben im Himmel geschickt wird. Sie ist das Ergebnis von dem, was deine Eltern und deine Umwelt mit dir gemacht haben. Als ich das gemerkt hab, war mir plötzlich alles klar. Die Therapie hat mich von dieser ganzen Religionsscheiße befreit. Wir wachsen alle mit zu vielen Ängsten auf. Auch wenn wir sie unterdrücken, sind sie trotzdem immer da. Die schlimmste Angst ist die, nicht geliebt zu werden, festzustellen, daß deine Eltern dich längst nicht so sehr brauchen, wie du sie brauchst ... Die meisten Menschen verdrängen ihre Ängste mit Hilfe von Gottesfurcht oder Masturbation oder irgendeinem Traum vom Erfolg. Die

> Therapie ist wie ein ganz langsamer LSD-Trip, der sich im Körper abspielt. Es ist schwer, darüber zu sprechen, denn man hat das Gefühl «Ich bin die Angst», und das klingt irgendwie verrückt, aber die Angst hat jetzt für mich eine neue Bedeutung bekommen, weil ich all diese Formen der Unterdrückung körperlich gespürt hab. Es war, wie wenn man seine Handschuhe auszieht und seine eigene Haut zum erstenmal spürt.

Das «Urschrei-Album» wurde dann im September aufgenommen, wenige Wochen nach der Rückkehr der Lennons nach England, und im Dezember auf den Markt gebracht. Auf dem Cover präsentiert sich ein abgeklärtes Paar: John und Yoko unter einer Eiche (!), leicht traumverhangen, ein wenig romantisch – ruhig und entspannt und ziemlich normal, wie irgendein Pärchen an einem schönen Sonntagnachmittag.

Dem Betrachter drängt sich eine Botschaft auf: Die Lennons haben die Urschrei-Therapie hinter sich, sie haben ihre Ängste überwunden und die sechziger Jahre überlebt. Viele andere hatten die «ausgeflippten» Sixties nicht überlebt: Während Lennon seine LP aufnahm – mit Ringo am Schlagzeug und Klaus Voorman am Baß – war Brian Jones schon fast vergessen, starben Jimi Hendrix und Janis Joplin innerhalb eines Monats an einer Überdosis und blieben Jim Morrison nur noch sechs Monate. John Lennon hatte etwas Neues angefangen, sichtlich, er war inzwischen dreißig Jahre alt und benannte seine neue Band nach seiner Frau.

Was man dann auf dem Album zu hören bekam, war musikalisch wie von den Texten her eine balancierte Mischung aus «altem John» und neuen Tönen. «Keep you doped with religion and sex and TV / And you think you're so clever and classless and free / But you're still fucking peasants as far as I can see» war ein nachdenklicher Blues mit dem Titel «Working Class Hero», und bei dem deutlichen Text in dem

Song «God»: «I don't believe in Beatles / I just believe in me / Yoko and me», wurde auch den jüngsten Beatles-Anhängern klar, daß John Lennon nun definitiv allein und mit anderen zusammen Musik machte – obwohl vieles in seinem neuen Stil unverkennbar der «alte John Lennon» geblieben war.

Es wurde kritisiert, Lennons Solo-Album sei nichts weiter als eine Nabelschau – was seit seinem öffentlichen Zusammensein mit Yoko Ono aber immer ein Aspekt ihrer Gemeinschaftsproduktionen gewesen war. Auch hier wird es wieder «privat». Ob in dem Stück «God», in dem Lennon alles aufzählt, woran er *nicht* glaubt, oder bei dem Geschrei und Gebrüll am Ende von «Mother», das direkt aus Dr. Janovs Urschrei-Zentrum zu kommen scheint und den ansonsten sparsamen, aber ausgeglichenen Sound des Songs Lügen straft.

Wenn alte Lennon-Fans, die noch die späten Beatles in den Ohren hatten, dem neuesten Album *John Lennon/ Plastic Ono Band* auch nichts abgewinnen konnten, so war es dessenungeachtet ein Lennon-typisches Produkt: «Hold On», «Love» und «Look at Me», wenn auch an der Grenze zum Kitsch, besitzen die gleiche poetische Ausdruckskraft von Songs wie «Julia» oder «Because». Wenn es die Beatles nie gegeben hätte, wäre die LP, selbst wenn sie zunächst auf Unverständnis gestoßen wäre, mit der Zeit womöglich als ebenso revolutionär betrachtet worden wie *Revolver* oder *Sgt. Pepper* – oder auch *Led Zeppelin II*.

Das Album bewegt sich auf einer Grenze: zwischen den Beatles-geprägten, von «harmony and understanding» durchzogenen sechziger Jahren, die mit Lennon-Onos privater «Kulturrevolution» endeten, und dem modernisierten, aggressiveren, monochromen Weg in das gnadenlose Jahrzehnt, in dem John Lennon angekommen war, lange bevor seine Freunde und Künstlerkollegen bemerkten, daß es begonnen hatte.

Imagine

Egal, wie die siebziger Jahre aussahen, die Beatles mußten mit ihrem Ruhm leben. Es war eine neue Art von Ruhm, getragen von drei bis vier Generationen von Fans – von den Zehnjährigen bis zu deren Großvätern und Großmüttern –, der seinen Ursprung in der weltweiten Reichweite der Popmusik hatte. Jeder einzelne der Beatles wurde ein Opfer dieser neuen Art von Ruhm, und keiner von ihnen spürte dies so deutlich wie John Lennon.

Er nutzte seinen Ruhm, und er mißbrauchte ihn. Er wollte ihn, und er wollte ihn nicht. Bis 1970 hatte er mehr materiellen Reichtum angehäuft, als die meisten von uns sich in den kühnsten Träumen vorstellen können, und doch fühlte er sich – trotz seiner Urschrei-Erfahrung – innerlich unausgefüllt. George Harrison versuchte die Leere, die durch die Trennung der Beatles entstanden war, mit Religion, Sitarspiel und Meditation zu füllen – seine erste Ehe scheiterte; Ringo Starr wollte nur noch berühmt sein und wurde zum Alkoholiker – auch seine erste Ehe mit Maureen Cox ging in die Brüche, nachdem ausgerechnet George Harrison ihm Hörner aufgesetzt hatte.

Paul McCartney stürzte sich in sein Familienleben mit Linda Eastman und rauchte regelmäßig, wenn auch nicht übermäßig, Marihuana, um zumindest etwas aus den rebellischen sechziger Jahren zu retten, und machte sich musikalisch einen Back-to-the-basics-Stil zu eigen, um sich künstlerisch fit zu halten – wobei wir natürlich alle wissen, daß die Wings auch nicht besonders erfolgreich waren. Aber McCartney kam mit seinem Ruhm wesentlich besser klar als die anderen drei, teilweise indem er seinen ungeheuren Reichtum dazu benutzte, Häuser zu kaufen, in die er sich mit seiner Frau und seinen kleinen Kindern zurückziehen und ihnen gleichzeitig eine gewisse Normalität bieten konnte. McCartney gelang es, genau das zu vermeiden, was vielen berühmten Rockstars der damaligen Zeit zum Verhängnis wurde: sich von der Welt zurückzuziehen und in der Erinnerung an die Vergangenheit zu schwelgen.

Bei Lennon war die Sache, wie immer, wesentlich widersprüchlicher. Er betrachtete den Ruhm, wie er Frauen und auch die Beatles betrachtete: mit einer Mischung aus Verachtung und Liebe. Es dürfte ihm nicht verborgen geblieben sein, daß er alles, was er war, seinem Ruhm als Beatle verdankte, ebenso wie er wußte – auch wenn er sich immer mal wieder Frauen gegenüber wie der ungehobelte Macho-Popstar aus Liverpool aufführte –, daß er von Frauen und zuallererst von Yoko Ono emotional abhängig war. Die bösen Worte zu allem, was die Beatles betraf, die Lennon in dem berühmt gewordenen Interview mit Jann Wenner (für den *Rolling Stone*, 1971) äußerte, zeigten dasselbe Muster: Einer, der um sich schlägt und angreift, wenn er sich gekränkt oder eingeschränkt fühlt. Und eingeschränkt von seiner Publizität als Beatle fühlte er sich bereits in den Sechzigern. Dieser Fama war selbst durch die irritierenden Aktionen – live oder auf Schallplatten zusammen mit seiner Frau – nicht zu entrinnen gewesen.

Niemand wurde von Lennon in dem Interview verschont: Brian Epstein, Paul McCartney, die Fans, die Sixties, jeder und alles war verabscheuungswürdig, und Lennon wollte mit nichts und niemandem mehr etwas zu tun haben. Wer sich *John Lennon/Plastic Ono Band* aufmerksam angehört hatte, konnte etwas von Lennons Sinneswandel bemerkt haben, aber offenbar klingt seine Musik letztendlich immer wieder viel verträglicher, auch auf dieser LP manchmal, wie schon gesagt, sogar romantisch, so daß er meist mehr mit dem schockierte, was er sagte, als mit seiner Musik. So auch bei diesem Interview, womit er offenbar nochmals und überdeutlich sowohl den Medien als auch seinen Fans klarzumachen gedachte, wo er inzwischen stand: weit weg von den «lieben» Beatles, immer noch kritisch und ablehnend gegenüber den Werten des Establishment, zu dem er und Yoko längst gehörten.

In einem Inverview mit Tariq Ali und Robin Blackburn von der linken Zeitschrift *Red Mole* äußerte Lennon sich relativ gemäßigt:

> *Tariq Ali:* ... Sie waren erfolgreicher, als die meisten Menschen sich in ihren kühnsten Träumen erhoffen.
> *John Lennon:* Mein Gott, das war die totale Unterdrückung. Ich meine, wir mußten uns von sämtlichen Spießern und dem Showbiz und den Oberbürgermeistern und weiß Gott wem immer wieder demütigen lassen. Sie waren alle so gönnerhaft und dumm. Alle haben versucht, uns zu benutzen. Für mich war es besonders demütigend, weil ich nie meinen Mund halten konnte, und ich mußte mich immer besaufen oder bekiffen, um den Druck auszuhalten. Es war die reine Hölle ...
> *Yoko Ono:* Auf diese Weise ist er nie dazu gekommen, echte Lebenserfahrung zu machen ...
> *JL:* Es war einfach schrecklich. Ich meine, abgesehen von der anfänglichen Begeisterung über den Erfolg – dem Nervenkitzel, als die erste Platte auf Platz eins in den Charts stand, die erste Amerika-Tournee. Am Anfang hatten wir noch ein Ziel, da wollten wir so berühmt werden wie Elvis – es war aufregend, sich auf das Ziel zuzubewegen, aber als wir es erreicht hatten, kam die große Enttäuschung. Plötzlich mußte ich mich dauernd bemühen, Leuten zu gefallen, die ich als Kind schon nicht ausstehen konnte. Das hat mich dann auf den Boden der Tatsachen

zurückgeholt. Da wurde mir klar, daß wir alle unterdrückt werden, und ich würde gern etwas dagegen unternehmen, auch wenn ich im Moment nicht so genau weiß, wo ich stehe.

Lennon machte in dem Interview deutlich, daß er auf der Suche nach einem politischen Standpunkt war, doch als er sagte, er wisse «nicht so genau», wo er stehe, traf das den Kern. Daß er sich Ende 1970 zum «working-class hero» stilisierte, hatte niemand richtig ernst genommen; sich als Genosse statt als Beatle unter die «Massen» zu mischen, wie er es vorhatte, hätte die «Massen», die nicht seine Politik, sondern seine Musik liebten, nur irritiert. In Wahrheit blieb er bis kurz vor seinem Tod, als es schließlich so aussah, als hätte er seine Dämonen besiegt, innerlich genauso unsicher, wie er es schon immer gewesen war.

«Es bleibt einem also nichts anderes übrig, als sich direkt an sie zu wenden», sagte Lennon zu Robin Blackburn, «vor allem an die jungen Arbeiter. Wir müssen bei ihnen anfangen, weil sie wissen, daß sie bereits mit dem Rücken zur Wand stehen.» Robin Denselows Skepsis gegenüber diesem Versuch, sich politisch zu verhalten, trifft dabei einen Kern von Lennons Problem: «Seine Einschätzung mag zutreffend gewesen sein, aber aus dem Mund eines politisch motivierten Musikers, der sich immer nur mit der Elite abgegeben hat (mit Vertretern der Presse und den führenden Politikern der Welt) und nie auf einer Demo aufgetaucht ist, wo er mit diesen ‹jungen Arbeitern› zusammengekommen wäre, die ihn zum Star gemacht und ihm dadurch zur Macht verholfen hatten, klangen diese Worte außerordentlich arrogant.»

Das Interview mit Tariq Ali, das am 8. März 1971 veröffentlicht wurde, erschien beinahe gleichzeitig mit der Lennon-Single «Power to the People», einer ähnlich wie «Give Peace a Chance» einfach klingenden, nur mit härterer Elektronik unterlegten Hymne. «Power to the People» war simpel gestrickt und sollte die ambivalente Botschaft von «Revolution» aufheben: Der Song war ein Aufruf an alle, auf die Straße zu gehen und die Revolution in Gang zu bringen. Außerdem war in diesem Stück zum erstenmal ein freches, lässiges Saxophon zu hören; er wurde auf beiden Seiten des Atlantik ein Hit, viele konnten sich davon angesprochen fühlen, was zumindest dem Vorwurf entgegenwirkte, Lennon betreibe nur noch Nabelschau.

Um die Zielstrebigkeit und Ernsthaftigkeit seiner neuen politischen Energien zu unterstreichen, gingen John Lennon und Yoko Ono schließlich tatsächlich auf die Straße, zu einem Thema, das zu diesem Zeitpunkt eine wesentlich kleinere Öffentlichkeit hatte als der Vietnamkrieg in den Sechzigern. Der Kampf der Katholiken für ihre Gleichberechtigung im Britischen Protektorat Nordirland oder Ulster war seit 1968 in Gewalt umgeschlagen; 1971 – die IRA hatte sich zu einer terroristischen Organisation entwickelt und war mit Anschlägen aktiv geworden – wurde die Provinz von britischen Truppen besetzt und ein Internierungssystem eingeführt (des Terrorismus verdächtige Personen konnten ohne Gerichtsverhandlung in Haft genommen werden). Im August schlossen sich John und Yoko einer Gruppe von etwa tausend Demonstranten an, die durch London marschierten, um gegen das Internierungssystem und die Anwesenheit der britischen Truppen in Ulster zu protestieren.

Die Veranstaltung hatte etwas ähnlich Unmögliches an sich wie ihre früheren Bed-ins: Es zeigte sich, daß nur ein Teil der Demonstranten für Nordirland marschierten, während die anderen für drei Verleger auf die Straße gegangen waren, die wegen einer sogenannten «obszönen» Ausgabe des Untergrundmagazins Oz vor Gericht standen. Lennon hatte sogar eilig einen Song für sie geschrieben: «Do the Oz». Obendrein tat er sich noch mit der für ihn typischen, wenn auch gedankenlosen Bemerkung hervor, man könne diese beiden Angelegenheiten «nicht getrennt betrachten». Natürlich war der Oz-Prozeß etwas, mit dem nicht nur er, sondern Tausende von Hippies und *Rockfans* sich leicht identifizieren konnten; aber der blutige Bürgerkrieg in Irland und die verwickelte Irlandpolitik waren eine Nummer zu groß für Lennon und Yoko. Die beiden hatten jedoch keine Hemmungen, sich auch auf Gebieten, von denen sie keine Ahnung hatten, den Mund zu verbrennen – oder mit kurzgeschorenen Haaren und proletarischen Straßenklamotten die Fäuste zu heben und zusammen mit militanten Demonstranten Lennons neues «maoistisches» Mantra zu singen: «Power to the people, power to the people, power to the people, right on!»

Für John und Yoko markierte das Jahr 1971 das Ende einer Ära. Sie versuchten, ihre verwickelten Geldangelegenheiten zu regeln, vor allem die mit Apple und den alten Beatles, wobei sich Lennon später immer wieder über die Geschäftsleute, mit denen er da vermehrt zu tun hatte, in Interviews erregte. Der damals entstandene Beatles-Streit war 1971 jedoch schon verebbt. John Lennon arbeitete bis zum Herbst an Filmen, gab Interviews und: er machte wieder Musik. Das wichtigste Interview, das sein letzter öffentlicher Auftritt in England bleiben sollte, gaben er und Yoko Michael Parkinson, dem damals populärsten Talkmaster des britischen Fernsehens. Noch im Sommer gestaltete John die Plastic Ono Band um und nahm *Imagine* auf.

Diese LP hat größere Bedeutung und Beliebtheit erlangt als alles andere, was Lennon oder seine Frau in jenen Jahren hervorgebracht haben. *Imagine* ist heute immer noch fast ebenso beliebt wie die Musik, die er zusammen mit den Beatles produziert hat. Die LP beginnt mit seinem berühmtesten Song, «Imagine», einem utopischen, von Yoko inspiriertem Lobgesang auf ein Leben ohne Gott, ohne Besitztümer, ohne irgendeine Form von Glaubensbekenntnis, auf ein Leben als «brotherhood of man».

Natürlich ist Lennon immer wieder vorgeworfen worden, er vertrete eine Doppelmoral – ein reicher Popstar, der sich für kommunistische Werte einsetzte. Doch wenn man sich die Zeit nimmt, den Text des Songs sinken zu lassen, stellt man fest, daß Lennon weder seinen eigenen Status zelebriert noch ein kommunistisches Banner hochhält: «Ich bin kein Kommunist, und ich gehöre keiner Bewegung an», erklärte er, kurz nachdem *Imagine* auf den Markt gekommen war. Tatsächlich fordert er lediglich dazu auf, sich eine gerechtere Welt «vorzustellen», lädt seine Zuhörer ein, einen «Traum» von einem einfachen, beinahe simplen Ideal mit ihm zu teilen, der vielleicht nicht zu verwirklichen ist, sich aber besingen läßt.

Auch wenn «Imagine» sich sofort großer Beliebtheit erfreute, ist der Song nicht unbedingt das stärkste Stück auf einem Album, das die Rückkehr des freundlichen, geistreichen Lennon ankündigt. Er hatte zwar eine Botschaft – Frieden, Gleichheit, Truppen raus –, aber er räumte ein, daß «Imagine» sie mit einem Zuckerguß verkündete. Das ganze Album war, «um es der Öffentlichkeit schmackhaft zu machen, mit Schokolade überzogen» (wie Goldman Lennon zitiert. Nach meinen Informationen behauptete Lennon aber nur, das Titelstück sei «‹Working Class Hero› mit Schokolade drüber»). Einige Songs auf *Imagine* sind tatsächlich eher süß: «Jealous Guy», «Oh My Love» und «How?» zum Beispiel. Aber das Album besitzt auch eckige Seiten: das bissige «Crippled Inside», das vehemente «Give Me Some Truth», das rauhe «How Do You Sleep?», Lennons berühmte Retourkutsche zu McCartneys «Too Many People», mit dem er Lennon auf seinem zweiten Solo-Album *Ram* angegriffen hatte. Selbstverständlich enthielt es auch ein weiteres Lied an Yoko – diesmal mit dem simplen Titel «Oh Yoko» –, eine beschwingte neue Ballade von John und Yoko, die das Album passend abschließt.

John Lennon, etwa zur Zeit des Erscheinens seiner erfolgreichsten Solo-LP *Imagine* im Oktober 1971.

Wie jeder Unterhaltungskünstler hatte Lennon ein Image zu pflegen. Bis er *Imagine* herausbrachte, hatte er begriffen, daß die Fans seit seinen gemeinsamen Experimenten mit Yoko seine Fähigkeiten als Musiker anzweifelten. Lennon war aber in erster Linie Musiker, und *Imagine* war das überzeugendste Zeugnis seiner Rückkehr zu populären Formen der Musik seit den energiesprühenden Sessions für *Abbey Road* Mitte 1969. Das interessanteste an *Imagine* ist die Art und Weise, wie er einige der weniger extremen Ideen Yokos mit seinem sicheren musikalischen Instinkt verknüpft und eine bemerkenswerte Mischung aus erfindungsreicher Gesangstechnik, heiteren Melodien und unterhaltsamen Texten präsentiert. Die LP schien auf angenehme Weise frei von den radikaleren Ansätzen – sei es musikalisch oder verbal – der späten Sechziger sowie der jüngsten Vergangenheit und deutete darauf hin, daß John Lennon, der Ex-Beatle und glückliche Ehemann von Yoko Ono, musikalisch wieder auf dem Vormarsch war.

Als das Album Anfang Oktober 1971 auf den Markt kam, hatten Yoko und John gerade ihre Villa in Tittenhurst Park (wo *Imagine* größtenteils aufgenommen wurde) verlassen (Ringo Starr kaufte die Villa 1973) und sich einem neuen Land und neuen intellektuellen und künstlerischen Aufgaben zugewandt, die sie weiter denn je von den Beatles und deren Fans entfernten.

Sie waren in Yokos «zweite Heimat» New York City umgezogen, wo John Lennon den Rest seines Lebens verbringen sollte. Für Yoko mag es auch eine triumphale Rückkehr gewesen sein, denn nun war sie weltbekannt. Die ersten Einladungen, die die beiden bekamen, waren von Yokos altem Bekannten John Cage und Merce Cunningham, die das Paar sozusagen stellvertretend in den USA willkommen hießen.

Unverändert im Leben der Lennons war ihr Bedürfnis nach Öffentlichkeit geblieben.

Die beiden eigenwilligen Friedensapostel der späten sechziger Jahre und nun unabhängig politisch Engagierten – Yoko und John – sollten sich in den nächsten vier Jahren wenig Ruhe gönnen und ebensowenig Frieden finden.

A Bigger Apple – New York City

In der Zeit von Oktober 1971 bis Oktober 1975 waren für die Lennons drei Dinge bestimmend: Sorgerecht, Aufenthaltsrecht und die Höhen und Tiefen ihres Zusammenseins.

Darüber hinaus hatten sie das langwierige Problem und den scheinbar endlosen Rechtsstreit über die Rechte an den Songs der Beatles, über Tantiemen und Nebenrechte, der sich noch bis 1977 hinziehen sollte, obwohl ein Großteil der Streitigkeiten im Januar 1975 beigelegt wurde, als der High Court in London die «Firma» namens Beatles offiziell auflöste. Ganz persönlich führten sie einen Kampf um das Sorgerecht für Yokos Tochter Kyoko und um Lennons Aufenthaltserlaubnis in den USA. Ihre Beziehungsprobleme, die bei zwei so eigenwilligen Persönlichkeiten nicht ausbleiben konnten, bildeten die «Begleitmusik» zu alldem.

Anfang September 1971 waren John und Yoko endgültig nach New York übergesiedelt. Sie kehrten nie wieder gemeinsam nach England zurück, und im Gegensatz zu Yoko, die alljährlich zur Apple-Vorstandssitzung flog, sollte John seine Heimat nie wiedersehen. Die beiden waren bereits Mitte des Jahres zu einem Besuch in New York gewesen, bei dem sie zum erstenmal seit der offiziellen Trennung der Beatles gemeinsam auf der Bühne standen – und zwar zusammen mit Frank Zappa. Bei diesem Aufenthalt ging es ebenso darum, Yokos Ex-Ehemann Tony Cox ausfindig zu machen, der mit Kyoko verschwunden war.

Der Exgatte hatte es sich inzwischen zur Gewohnheit gemacht, mit seiner Tochter unterzutauchen, sobald Yoko und John Kyoko sehen wollten. Er hatte sich über einen Verkehrsunfall aufgeregt, den Lennon und Yoko Mitte 1969 zusammen mit Kyoko und dem kleinen Julian gehabt hatten: Lennon wollte mit beiden Kindern Urlaub machen und hatte sie mit nach Nordengland und Schottland genommen. Das ganze endete vor allem deshalb im Desaster, weil Lennon darauf bestand, selbst zu fahren, was angesichts seiner Drogensucht und seiner schlechten Augen, ganz zu schweigen von einem fürchterlichen Mangel an Fahrpraxis, einen Unfall geradezu heraufbeschwor. Ihr Wagen kam bei hoher Geschwindigkeit von der Fahrbahn ab, und John und Yoko mußten in ein Krankenhaus gebracht werden. Kyoko erlitt geringfügige Schnittverletzungen, und Julian blieb unverletzt.

Als Cox danach keine Besuche von Kyoko bei dem unzuverlässigen Paar mehr zuließ, hatte Lennon die Idee, Kyoko im April 1971 von einem Spielplatz in Mallorca zu entführen, wo sich Cox mit seiner neuen Frau Melinde gerade aufhielt. Mit der Hilfe von Yoko Onos altem Nachbarn und Freund Dan Richter gelang es den beiden, Yokos Tochter vom Spielplatz zu locken und sie im Auto mit nach Palma de Mallorca zu nehmen. Cox unterrichtete unverzüglich die Guardia Civil von dem Verschwinden seiner Tochter. Die Lennons wurden kurz darauf in ihrem Hotel in Gewahrsam genommen und zum Verhör auf die Polizeiwache gebracht. Dort nahm man sie in Haft, und sie mußten ihre Pässe abgeben.

Während der folgenden Tage zog Richter sich diskret aus der Affäre, Cox verließ Mallorca zusammen mit Frau und Tochter, und der mit Johns Geschäftsangelegenheiten betraute Allen Klein flog nach Mallorca, um die Angelegenheit vor Gericht zu klären, wo Lennon einräumte, er habe Kyoko tatsächlich «entführt». Wäre er nicht der Popstar John Lennon gewesen und wäre Klein nicht von Rechtsanwälten und anderen Direktoren von Apple und EMI unterstützt worden, hätte er leicht zu einer Gefängnisstrafe verurteilt werden können. So jedoch wurde der Vorwurf der Kindesentführung fallengelassen – angeblich, nachdem Klein den Staatsanwalt bestochen hatte –, und die beiden bekamen ihre Pässe zurück.

Falls Cox noch irgendein Vorwand gefehlt hatte, um die Lennons nicht wieder in die Nähe von Kyoko kommen zu lassen, so hatte ihm diese Verzweiflungstat für die nächsten Jahre einen hinreichenden Grund geliefert. Diese Aktion zeigte außerdem, daß Yoko hinsichtlich ihrer eigenen Interessen, wie hier die Nähe zu Kyoko, großen Einfluß auf Lennon ausübte. Und sie wies, zusammen mit dem Urlaub in Nordengland und Schottland, darauf hin, daß die beiden bereit waren, fast alles daranzusetzen, um sich eine Familie aufzubauen.

Möglicherweise brauchte nun ihre Ehe eine neue *raison d'être*, und Nachkommen waren etwas, das den Einsatz lohnte. Lennon und Ono waren nach wie vor berühmt; er hatte seine Popularität nun mit dem Solo-Album *Imagine* wiederhergestellt, während sie im Jahr zuvor (1970) mit *Yoko Ono/Plastic Ono Band* ihre erste Solo-LP veröffentlichte. Zwar war es ihnen nicht gelungen, der Welt den Frieden zu bringen, aber sie hatten ihre öffentlichen Stellungnahmen noch nicht sein lassen. Und offenbar lag ihnen «privat» beiderseits daran, etwas Stabiles, Familienartiges zu leben.

Was John Lennon vielleicht am meisten fehlte, war der fruchtbare künstlerische Austausch, sosehr er die Beatles auch inzwischen verachten mochte. Seit ihrer Trennung gab es – außer mit seiner sehr weit vom Rock entfernten Ehefrau – keinen nahen musikalischen Partner wie McCartney mehr. Yoko erlitt im Sommer vor ihrer Übersiedlung nach New York eine erneute Fehlgeburt, nachdem das Paar im März ihre erneute Schwangerschaft öffentlich verkündete. Ihr Umzug nach New York war auch von dem tiefen Bedürfnis motiviert, eine Privatsphäre zu finden, die weder London noch Tittenhurst Park ihnen geboten hatten: einen Ort, an

New Yorkerin war im Grunde genommen Yoko Ono. John Lennon lernte den «Big Apple» erst richtig kennen, als die beiden sich 1971 dort niederließen. Er sollte England nicht wiedersehen.

den sie sich vor den Scharen von Beatles-Fans zurückziehen konnten und wo sie einfach sie selbst sein konnten. Außerdem suchten sie beide Zugang zu einem Künstler-Milieu, das ihnen mit ihren unterschiedlichen Neigungen entgegenkam. Und der «Big Apple» New York bot Vielfalt genug für ihre jeweiligen Richtungen. Für Yoko Ono war es ohnedies mehr wie ein Nachhausekommen, denn wenn sie eine geistige und emotionale Heimat besaß, dann war das New York. Lennon, dessen Karriere zu Beginn vom amerikanischen Rock 'n' Roll inspiriert war, konnte hier zum erstenmal hautnah erleben, was in den Zentren der USA inzwischen an Stilen und Richtungen ausgeprägt war: eine anregende Vielfalt vom Jazz über die Soul-Musik bis zu den neuen Pop-Richtungen und solchen Experimentatoren wie Frank Zappa. Natürlich war er mit dieser Musik bestens vertraut, aber nun sollte er die zugehörigen Umgebungen etwas besser, als es auf Besuchen und Tourneen möglich war, kennenlernen. «Was ihn nach New York zog», schrieb der britische Romancier und ehemalige Beatles-Fan Martin Amis fünf Tage nach Lennons Tod, «war nicht nur das Bedürfnis nach (relativer) Anonymität, sondern die Klassenlosigkeit in dem von Menschen wimmelnden New York.»

Vielleicht hoffte das Paar außerdem, New York würde ihnen mehr Glück für ihre Familie bringen – als strategisch günstigere Position, um Kyoko zu sehen, oder als bessere Umgebung, um ein eigenes Kind zu bekommen, auch wenn diese Vorstellung vielleicht etwas abwegig schien. Vor allem bedeutete der Umzug nach New York den Abschied von der Vergangenheit, was für Lennon einen gewissen Kraftakt darstellte.

Die beiden mieteten sich im St. Regis, einem plüschigen Hotel auf der Fifth Avenue, ein und beschlossen, sich gleich zu Beginn als schillernde New Yorker Künstlerfiguren à la Warhol zu inszenieren. Für Yoko Ono mag die Idee nahegelegen haben, es war sozusagen ihr Aus-der-Fremde-nach-

Hause-Zurückkommen als erfolgreiche, weltbekannte Ehefrau, Künstlerin, Feministin. Und John war gern bereit, sie mit seinem Namen und seinem Geld zu unterstützen. Als sie zum erstenmal in der Ostküstenmetropole lebte, war Yoko eine merkwürdige Japanerin von Ende Zwanzig gewesen, eine exzentrische Konzept-Künstlerin mit vielen Ideen, die in der Fluxus- und Happening-Szene häufig auftrat und ihre Events präsentierte, aber damit nicht populär geworden war. Beim zweitenmal war sie fast vierzig und weltbekannt. Ihre Verwandlung von einer Künstlerin und Veranstalterin von Loft-Konzerten zur Geliebten, Anregerin und zum selbständigen Gegenüber eines Rockstars, mit dem sie verheiratet war, wirkte ebenso außergewöhnlich wie das Jahrzehnt, in dem sie sich vollzogen hatte.

Das Museum, für das die Lennons sich zu Yokos Ausstellung entschieden, war das Emerson Museum of Fine Arts in Syracuse. Es stand damals unter der Leitung von Jim Haristhis, der es sich zur Aufgabe gemacht hatte, Leben in das Museum zu bringen, das mit seiner Sammlung zeitgenössischer amerikanischer Keramik und Malerei auf wenig Resonanz gestoßen war. Laut Albert Goldman bot Haristhis den Lennons ein «Sechstel seines Jahresetats an, plus alle zur Verfügung stehenden Räumlichkeiten des Museums: sieben Galerien und einen Skulpturengarten sowie ein Auditorium, drei Werkstätten, ein Atelier, einen Souvenirladen und einen Parkplatz für eine Einzelausstellung von Yoko Ono.»

Als am 9. Oktober 1971 – Johns einunddreißigstem Geburtstag – die Ausstellung *This Is Not Here* eröffnet wurde, standen bereits achttausend Fans vor dem Museum Schlange, womit wahrscheinlich weder die Museumsleitung noch Yoko Ono gerechnet hatte. Kaum jemand unter den achttausend Verehrern wird gewußt haben, daß Lennon etwa drei Jahre zuvor in London eine eigene Ausstellung gehabt hatte mit dem Titel *You Are Here*, worauf Yokos neuer Einfall anspielte; kaum jemanden interessierte, daß Lennon seine Frau darin unterstützte, als die Künstlerin anerkannt zu werden, die er in ihr sah. Kaum einer interessierte sich für Yoko Ono. Das Publikum wollte John Lennon sehen oder irgend etwas erleben, was mit den Beatles zu tun hatte.

Yoko hatte zahlreiche Künstler und Prominente aufgefordert, eigene Objekte zu dem Event beizutragen, die in einem Raum unter dem Motto «Wasser» ausgestellt werden sollten: unter denen, die etwas schickten, waren Timothy Leary (eine Kapsel), Bob Dylan (ein Exemplar seiner LP *Nashville Skyline* in einem Aquarium), der Schriftsteller John Barth (ein Zettel mit den Worten «The water you make is equal to the water you take», eine Parodie der letzten Zeilen von *Abbey Road*) und der Künstler Bob Watts (einen mit Wasser gefüllten VW Käfer). George Harrison schickte eine Milchflasche, und Ringo Starr einen mit Wasser gefüllten grünen Müllsack – wie immer man dies interpretieren mag.

Ansonsten bestand die Ausstellung – ganz im Stil ihrer Fluxus-Phase – aus einer Ansammlung von Tonbandaufnahmen, Hindernisparcours und provozierenden Anspielungen auf Lennon sowie Reminiszenzen an ihre frühen Werke. In einer Abteilung der Ausstellung, der «part-painting»-Galerie, hingen lauter kleine Bilder, deren Inhalte nur aus den Titeln in einem Hochglanzkatalog entnehmbar waren – eine vollendete Provokation im Haiku-Stil: «Wolke, Gletscher, Mond, Ku Klux Klan, Smog, Albino, Rauch, ein Diamant aus der Diamant-Collier-Affäre, Herbstmond, Stern, Schnee, weißes Korpuskel, das Weiße Haus, Soda, Natrium, Rhodium, ‹Battle of the Bulge›, Mona Lisas Maulwurf, Mann mit eiserner Maske, Puzzle».

Goldman berichtet – wie zuverlässig auch immer –, daß die Fans die Ausstellung regelrecht «demolierten» und im Geiste eines «Happening», das das Publikum zur Beteiligung einlädt, ihre eigenen Graffiti hinzufügten oder Ausstellungsstücke wahllos zerstörten. Als das Gerücht aufkam, die

Beatles würden ein gemeinsames mitternächtliches Konzert geben, brach ein Tumult aus: schließlich wurde Allen Ginsberg zu Hilfe gerufen, «der Gast auf Lennons Geburtstagsparty im Hotel Syracuse gegenüber war und die Meuterer dazu brachte, zu singen» (laut Goldman). Die ramponierte Ausstellung mußte verkleinert und, auf Lennons Geheiß, besser bewacht werden.

Trotz der hohen Zahl an Besuchern, die ihrem Coming-home-Event die Ehre erwiesen hatten, erfreute sich Yoko immer noch keiner großen Beliebtheit – weder bei der allgemeinen Öffentlichkeit noch bei der Presse. Auch schon früher, als sie noch nicht zu der Bekanntheit gelangt war, die sie durch die Verbindung mit John Lennon nun hatte, besaß sie bereits eine Arroganz, die auch im Jahr 1971 immer noch viele Leute vor den Kopf stieß und irritierte. Sie war frei von allen Selbstzweifeln.

Gleichzeitig war ihr Kommunikationsstil, vor allem in der Öffentlichkeit, wohl oft von einer Intransigenz gekennzeichnet, die bei ihr als Frau besonders auffiel und ihr angekreidet wurde. Von dem Rezensenten Howard Smith von der *Village Voice*, mit dem die Lennons gut bekannt waren, erhielt sie, als Yoko ihn fragte, warum sie überall auf Ablehnung stoße, einmal zur Antwort: «Yoko, niemand läßt sich gern von dem Menschen, mit dem er gerade spricht, erwürgen. Wenn jemand mit dir über Kunst, Musik oder was auch immer redet, tust du so, als ob du mehr als jeder andere auf der Welt davon verstündest – was *möglich* wäre! Mal angenommen, daß dem so ist, und mal angenommen, daß du als Künstlerin genauso bedeutend bist wie Michelangelo: Niemand möchte den Würgegriff eines Michelangelo am eigenen Hals spüren und sich so lange die Luft abdrücken lassen, bis er zugibt, daß du Michelangelo bist! Und genau dieses Gefühl vermittelst du, wenn man mit dir über Kunst redet. Sogar ich, ein Mensch mit ziemlichem Stehvermögen, habe das Gefühl, vor dir fliehen zu müssen …»

Auch wenn Goldman seinen Bericht wahrscheinlich übertrieben hat, sagt er etwas über Yokos Unbeirrbarkeit aus: sie glaubte an sich als Künstlerin – trotz ihrer Verbindung mit dem Popstar; ihr Selbstbewußtsein war dadurch, wie es sonst nur allzuoft der Fall ist in Künstlerehen, nicht ausgehöhlt worden. Allerdings «bezahlte» sie für diese Ungebrochenheit mit Unbeliebtheit bei vielen und Anerkennung bei wenigen.

Nach diesem Großereignis im Emerson Museum wandten sich die Lennons in der hektischsten Stadt der Welt bald wieder mehr der Politik zu. Sie zogen aus dem St. Regis aus und mieteten eine kleine Wohnung in der Bank Street in Greenwich Village, wo sie lebten, bis sie Mitte 1973 ins Dakota Building am Central Park umzogen.

Die Liste der Veranstaltungen, die das Paar während des ersten Jahrs in New York besuchte, und der Leute, mit denen sie sich umgaben, wirkt wie ein Kompendium all dessen, was während der frühen siebziger Jahre in Amerika «in» und radikal war: Am 17. Dezember 1971 nahmen sie im Harlemer Apollo Theater zusammen mit der Soul-Sängerin Aretha Franklin am großen Benefizkonzert für die fast ausschließlich schwarzen Opfer des Aufstandes im New Yorker Attica-State-Gefängnis teil. Kurz zuvor hatten sie in Ann Arbor, Michigan, eine Solidaritätsveranstaltung zusammen mit Stevie Wonder bestritten – für John Sinclair, Schriftsteller und Leader der White Panther Party, der wegen Verkaufs von Marihuana zu zehn Jahren Gefängnis verurteilt worden war. Er wurde, zur Freude der Lennons, zwei Tage nach der Veranstaltung, nach Verbüßung eines Fünftels seiner Strafe, auf freien Fuß gesetzt. Im Februar 1972 setzten sie sich wieder einmal für Ulster ein – sie schlossen sich einer Demonstration vor dem Bürogebäude der BOAC an, bei der Gewerkschaftsmitglieder zum Boykott britischer Exporte aufriefen, im April gingen sie für Vietnam auf die Straße – bei einer Friedensdemonstration in Manhattan protestierten die beiden gegen die Bombardierung von Nordvietnam.

Dann waren da noch die Leute, mit denen sie verkehrten: Jerry Rubin, Führer der «Yippies» (*Y*outh *I*nternational *P*arty), einer anarchistisch orientierten Gruppierung, die ein Stück weit eine radikale Fortführung der Hippie-Bewegung darstellte und mit ihrem libertären Hintergrund auf Happenings, Aktionen und medienwirksame Auftritte setzte, um politische Verbesserungen zu erreichen. Abbie Hoffman, neben Rubin ebenfalls ein führender Kopf der YIP und lautstarker Verteidiger der «Chicago Eight», denen aktive Beteiligung an den gewalttätigen Ausschreitungen während des Parteitags der Demokraten vor Gericht vorgeworfen worden war, und David Peel, ein puertoricanischer Musiker, der mit seiner improvisierten Combo häufig bei Demonstrationen mitzog und dessen Song «The Pope Smokes Dope» Lennon amüsiert hatte.

Während jedoch die Radikalisierung Lennons durch seine Frau und ihre gemeinsamen Aktionen in den späten sechziger Jahren für sie selbst noch harmlos gewesen waren, sollten die beiden ihre Begeisterung und ihr Engagement für die amerikanische Gegenkultur der frühen siebziger Jahre mit einigen Schwierigkeiten bezahlen. Die US-Behörden würden Lennon immer wieder auszuweisen versuchen, der Kampf und die Prozesse um die Bleibeerlaubnis würden dauern bis 1975 – als Jimmy Carter Präsident wurde.

Wenn man rückblickend die Probleme betrachtet, die zwischen 1971 und 1975 auf John lasteten – musikalische Ziellosigkeit, der Rechtsstreit mit den Beatles, die Stagnation in seiner Ehe, die Schikanierung durch die US-Behörden –, kann es kaum überraschen, daß er wieder Zuflucht in Alkohol und Drogen suchte, um sich aus einer Welt zurückzuziehen, die ihm unerträglich feindselig erschienen sein muß. Daß er damals unter staatliche Überwachung fiel, daß er mehrfach ausgewiesen werden sollte aus den USA, gehörte wie eine böse Begleitmusik zu dieser politischen Phase seines Lebens.

Als Vorwand diente seine Verurteilung wegen Drogenbesitzes in London aus dem Jahr 1968. Die US-Visa für ihn und Yoko, die am 31. Mai 1971 ausgestellt wurden, liefen zum Ende Februar 1972 aus. Bis zu diesem Zeitpunkt war ihre Anwesenheit in den Vereinigten Staaten unübersehbar geworden: sie waren zu Gast in David Frosts populärer Talkshow gewesen und waren eine Woche lang als «Mitgastgeber» in der ebenso beliebten Fernsehshow von Mike Douglas aufgetreten. Niemand konnte übersehen, daß sie vorhatten, in den USA zu bleiben.

Hinzu kam, daß Yoko von einem Gericht auf den Virgin Islands, wo Cox seit ihrer beider Scheidung lebte, das Sorgerecht für Kyoko zugesprochen worden war. Im Juli 1971 war er zu einem Gerichtstermin in St. Thomas, der Hauptstadt der Inseln, nicht erschienen, wo über das vorläufige Sorgerecht für Kyoko verhandelt wurde. Dies sprach und wirkte sich zu seinen Ungunsten aus. Kyoko befand sich immer noch in seiner Obhut, denn seit dem Unfall damals war er nicht bereit, sie Yoko und John zu überlassen.

Die Regelung des Sorgerechts schuf dann jedoch eine verwirrende Situation: Während Yoko auf den Virgin Islands das vorläufige Sorgerecht zugesprochen wurde, erhielt Cox vor einem Gericht in Houston, wohin er mittlerweile umgezogen war, das vorübergehende Sorgerecht. Beiden Elternteilen wurde auferlegt, das Besuchsrecht des anderen zu respektieren. Also fuhren die Lennons 1971 über Weihnachten nach Houston in der Hoffnung, Kyoko sehen zu können; Cox weigerte sich, die gemeinsame Tochter mit Yoko und John gehen zu lassen. Er wurde inhaftiert, kurz darauf wieder aus der Haft entlassen, nur um anschließend ein weiteres Mal mit dem Kind zu verschwinden.

Das Verhaltensmuster war eingeführt. Jedesmal, wenn die Lennons sich Kyoko auf Hörweite näherten, sollte Cox mit dem Kind verschwinden. Dies sollte sich in den folgenden Jahren immer wieder auf dieselbe Weise abspielen und gehört zu einem der unerquicklichsten Kapitel in der John-

und-Yoko-Story. Der Exgatte schien den beiden einfach nicht zu trauen. Auch wenn schwer vorstellbar ist, wie er sich mit diesem rechtswidrigen Verhalten durchzusetzen gedachte, so war sein Mangel an Vertrauen in die Fähigkeit der Lennons, ihre elterlichen Pflichten gegenüber Kyoko wahrzunehmen, offensichtlich der Beweggrund dafür.

Mitte 1972 ereigneten sich in New York noch seltsamere Dinge. Erstens wurde das Telefon der Lennons in der Bank Street abgehört. Lennon krönte seinen Auftritt in Dick Cavetts Talkshow mit einer entsprechenden Bemerkung und fügte hinzu, er würde von FBI-Agenten überwacht. Eine Woche später mußte er sich vor der Einwanderungsbehörde verantworten, nachdem sowohl er als auch Yoko Mitte März Ausweisungsbefehle erhalten hatten. Lennon sollte aufgrund seiner Verurteilung wegen Drogenbesitzes von 1968 endgültig des Landes verwiesen werden, und er war nicht bereit, ohne Yoko zu gehen. Die Lennons begründeten ihren Widerspruch gegen die Ausweisung damit, daß sie das Sorgerecht für Kyoko verlieren würden, falls sie die USA verließen – und damit hatten sie ein triftiges Argument. Sie hatten nicht vor, New York zu verlassen, und widersetzten sich Woche für Woche und Monat für Monat erfolgreich dem Ausweisungsbefehl.

Wieso hatte die US-Regierung sich eingeschaltet? Es ist eine lange und lächerliche Geschichte, bei der das FBI sich «eher wie die Keystone Kops als die Gestapo gebärdete», wie Jon Wiener in seinem Bericht über «den Fall Lennon» (*The New Republic* vom 2. 5. 1983) schrieb. Sie begann mit der Demonstration und Solidaritätsveranstaltung in Ann Arbor.

Lennon und die Yippies hatten sich zum Ziel gesetzt, die Wiederwahl der Republikanischen Partei zu sabotieren und eine zweite Amtsperiode von Richard Nixon zu verhindern, der in ihren Augen für das Blutbad in Vietnam verantwortlich war. Ann Arbor war ein Probelauf für eine Reihe von Rock-Konzerten, verbunden mit radikalen Reden und Protestdemonstrationen, die für 1972 geplant waren und in San Diego ihren Höhepunkt finden sollten, wo die Republikaner auf ihrem Parteitag – so nahm man an – Richard Nixon zum Präsidentschaftskandidaten nominieren würden (was auch geschah).

Lennon wurde schikaniert, weil er in die Schußlinie von Nixons Handlangern geraten war, die wild entschlossen waren, dessen «politischen Feinden» (wie Nixons Berater John Dean sich ausdrückte) den Garaus zu machen. Lennon war einer von diesen Feinden. Die Ironie an dieser Geschichte bestand später darin, daß Dean und Konsorten – Haldeman, Ehrlichman, Mitchell *et al.* – letztlich nur einer Person den Garaus machten, nämlich Nixon, und daß sie selbst es waren, die schließlich mit Gefängnisstrafen belegt wurden: Watergate war am Ende ein wesentlich größeres politisches Problem in den USA als John Lennon und seine Aktivitäten. Lennons einziges «Verbrechen», das den Behörden als Anlaß dienen konnte, bestand darin, daß im Oktober 1968 in London Marihuana bei Pilchers Razzia am Montagu Square gefunden worden war. Eigentlich hätte ihm deshalb aufgrund einer alten Klausel in den Einwanderungsbestimmungen der USA die Einreise in die Staaten verweigert werden müssen. Diese Hürde hatte er bis 1972 umgangen, aber er und Yoko konnten aus diesem Grund bis 1975 die USA nicht verlassen – solange das Verfahren und die Überwachung andauerten, hätten sie bei Rückeinreise abgewiesen werden können. Vier Jahre lang überwachten und schikanierten Beamte des FBI aufgrund – offiziell – dieser Drogenvorverurteilung Lennon und Ono, die sich weiterhin unermüdlich um seine Einbürgerung bemühten. Wie sich nach Watergate herausstellte, war Lennon laut FBI-Akten in «revolutionäre Aktivitäten» verwickelt, und man fürchtete, er könne aufgrund seiner immensen Popularität die Chancen der Republikaner für eine Wiederwahl ernstlich gefährden.

Auch wenn Lennon seine politischen Ziele ernst nahm,

hätte er über diese Einstufung als politischer Gegner und die fleißigen Umsetzungen der Maßnahmen gegen ihn damals nur gelacht. Während er einerseits überwacht und mit Ausweisungsverfahren bedroht wurde, gab es in den USA andererseits Millionen Fans, einschließlich einiger Prominenter wie des damaligen Bürgermeisters von New York, des Protestsängers Bob Dylan, des schwarzen Popsängers Stevie Wonder und des Schriftstellers John Updike, die ihn dabehalten wollten. Die großangelegte Kampagne der Yippies zur Politik der Republikaner wurde letztlich nicht verwirklicht. Statt dessen produzierten Yoko und John Mitte 1972 innerhalb von neun Tagen ein neues Album mit dem Titel *Some Time in New York City*, das sie am 12. Juni herausbrachten.

Das Plattencover war diesmal im Stil einer Tageszeitung aufgemacht, *Some Time* lehnte sich an die *New York Times* an, und die Nachrichten waren die Liedtexte. Einige Fotos zeigten Phil Spector, der wieder als Produzent beteiligt war, sowie Yoko und John mit der neuen Band und einmal allein zu zweit über dem Titel des Songs «Woman Is the Nigger of the World». Dann gibt es da noch ein Bild von der inhaftierten Black-Power-Aktivistin Angela Davis bei einer Rede, ihr ist der Titel «Angela» gewidmet. Die Kritik zerriß diese politische Gemeinschaftsproduktion von Lennon-Ono. Denselow erklärt, die LP würde durch «die abscheulichen Texte ruiniert», und fragt: «Wie konnte Lennon so danebenliegen? Vielleicht weil er so weit von England und den Dingen, die er durchdacht und durchschaut hatte, entfernt war, und vielleicht, weil er sich von den neuen Freunden, mit denen er sich umgab» (z. B. Rubin, Peel u. a.) «hatte mitreißen lassen». Allan Kozinn schreibt: «Auf musikalischer Ebene waren diese volkstümlichen Ergüsse das schlechteste, was er je produziert hat, und selbst seine treuesten Fans begannen sich zu fragen, ob er mit seiner Kreativität am Ende war.»

Doch nicht unbedingt die «Volkstümlichkeit» war das Störende, auch nicht die Einfachheit – es war die eindeutige

John und Yoko hatten sich bereits eine Zeitlang vor ihrem Wechsel nach New York City Ende 1971 einer linksradikalen Politik zugewandt. Eine der Demonstrationen in den USA, an denen sie teilnahmen, war der Protest gegen das Vorgehen Englands in Ulster/Nordirland vor der Niederlassung der englischen Fluglinie BOAC im Februar 1972.

politische Stellungnahme, die die Kritik zum Aufschreien brachte. Wobei eingeräumt werden muß, daß das Album eher zu den schwächeren Produktionen von John Lennon gehört und von der Fan-Gemeinde auch nicht weiter gewürdigt wurde.

Lennon selbst meinte dazu: «Die meisten Leute drücken ihre Gefühle aus, indem sie herumbrüllen oder am Wochenende Fußball spielen gehen. Ich dagegen, ich sitze hier in New York, höre von den dreizehn Leuten, die sie in Irland erschossen haben, und reagiere sofort – und da ich nun mal bin, wer ich bin, reagiere ich im Viervierteltakt mit einem Gitarrenbreak zwischendrin ... Ich singe: ‹It was Sunday Bloody Sunday [einer der ‚Irish Songs' auf dem Album] and they shot the people down.›»

Sein Kampf sollte weitergehen, und das Leben sollte für ihn und Yoko noch schwieriger werden, obwohl Yoko – wider Erwarten – nicht in dieselbe Schaffenskrise geriet wie ihr Mann. New York war ihr Zuhause. Der «Big Apple» war für sie ein positives Stimulans; der einzige positive «Apple», den Lennon produziert hatte, war der, den er 1968 mit den Beatles gegründet hatte. Als das Jahr 1973 und ihr vierzigster Geburtstag sich näherten, hatte Yoko das Heft in der Hand; John, der ein paar Jahre zuvor dreißig geworden war, war drauf und dran, sich von Amerika und seiner Vergangenheit fortspülen zu lassen.

Ehekrise

John Lennon und Yoko Ono waren seit fünf Jahren kaum voneinander getrennt gewesen. Sie hatten seit 1968 immer in einem Bett geschlafen. Sie hatten sich in ihrer Ehe hauptsächlich mit Problemen auseinandersetzen müssen, die von außen gekommen waren und die in ihrer Intensität weit über das hinausgingen, was die meisten Paare in ihrem Leben erfahren. Die Ähnlichkeit ihrer Charaktere, vor allem was Eigensinn und Durchsetzungsvermögen angeht, mögen außerdem eine Rolle gespielt haben: mit dem Beginn des Jahres 1973 fängt es in ihrer Beziehung an zu kriseln. Viele Leute wurden zu Zeugen, daß John und Yoko, nachdem sie sich in ihrer Neun-Zimmer-Wohnung (Nr. 72) im Dakota Building eingerichtet hatten, wesentlich weniger zärtlich miteinander umgingen, ihre Intimität soll kaum noch vorhanden gewesen sein. Zu den Bewohnern dieses exklusiven, wenn auch äußerlich heruntergekommenen Apartment-Palasts an der Upper West Side zählten auch Lauren Bacall und Leonard Bernstein; und Roman Polanski hatte dort 1967 *Rosemary's Baby* verfilmt. Alle Bewerber wurden hier von einer erzkonservativen Kommission auf Herz und Nieren geprüft, bevor diese von oben herab entschied, welche Mieter sie akzeptieren würde. Einen Rockstar und dessen Frau aufzunehmen war ein unerhörtes Vorkommnis – bis zu jenem Tag Mitte 1973, als John Lennon und Yoko Ono in der siebten Etage Einzug hielten. Niemand konnte zufriedenstellend beantworten, wie die beiden ihren Fuß zwischen die Tür bekommen hatten, aber der Name Lennon sowie Yokos Verhandlungstalent hatten die Entscheidung sicherlich erleichtert. Ihre Versuche, ein Kind zu bekommen, waren bisher vergeblich geblieben. Yoko war im übrigen mehr damit beschäftigt, das Kind, das sie bereits hatte, ausfindig zu machen. Sie war in New York viel glücklicher als in England und konzentrierte sich zunehmend – unabhängig von dem, was John machte – auf ihre Karriere als Künstlerin. Nachdem sie ihren zeitweiligen Drogenkonsum unter Kontrolle gebracht und den Kopf frei hatte, konnte Yoko sich ganz ihrer Arbeit widmen. Mit einem Künstler wie Lennon verheiratet zu sein, war für ihre eigenen Ideen oft stimulierend gewesen, wie sie Ray Coleman gegenüber erklärte:

«John und ich waren als Künstler und als Mann und Frau ein Paar. In gewisser Weise gab es auch Rivalität zwischen uns. Wenn er etwas geschrieben hatte, sagte ich zum Beispiel: ‹Na, das ist ja ganz nett, aber ich hab auch was geschrieben.› Wir versuchten, uns mit dem Schreiben gegenseitig herauszufordern.» Aber John konnte auch gemein, launisch und introvertiert sein. Er rauchte sehr viel und hatte kaum Interesse daran, seinen Kokainverbrauch einzuschränken – mit anderen Worten, er war auf dem besten Weg, ein Rock'n'Roll-Klischee zu verkörpern. Die Entzweiung mit seiner zielstrebigen Frau schien vorprogrammiert. «Eigentlich kam unsere vorübergehende Trennung nicht überraschend», fuhr Yoko fort. «Am Ende stellte sich heraus, daß es das beste war, was uns passieren konnte.»

Während die Rechtsstreitigkeiten der Beatles und die Ausweisungsprozesse Anfang 1973 kulminierten, raffte sich Lennon ein weiteres Mal ins Studio auf. Es war vielleicht seine beste Art, der Bedrängnis etwas entgegenzusetzen; seine zeitweilige Zurückgezogenheit läßt jedenfalls darauf schließen, daß ihn seine Ausweisungsverfahren zusammen mit den geschäftlichen Prozessen ziemlich zermürbt haben. Doch dazwischen entstand sein neues Album, das er selbst zusammen mit einigen hervorragenden New Yorker Studiomusikern produzierte; es war von deutlich besserer Qualität als *Some Time* ... Vielleicht nicht so ansprechend wie *Imagine* und nicht so direkt wie *John Lennon/Plastic Ono Band*, aber Lennon zeigte, daß er noch komponieren konnte.

Als das Album am Ende des Jahres 1973 veröffentlicht wurde, befand sich die Rock-Kultur in ihrer Blütezeit. Es mußte sich gegen harte Konkurrenz behaupten. John Lennon war offenbar immer noch in der Lage, lebendige, geistreiche Stücke zu schreiben, aber anscheinend hatte er aufgehört, sich weiterzuentwickeln. *Mind Games* wirkt untergründig wie eine Dokumentation der Konfusion des Jahres, das für Lennon recht niederschmetternd war; das Coverbild kann als direkte Anspielung gedeutet werden auf die Trennung von Yoko, die John Anfang Oktober vollzog: Ihr Profil bildet als Schattenriß im Hintergrund des Bildes ein Gebirgsmassiv, im Vordergrund ist Lennon mit einem Koffer in der Hand zu sehen. Trotzdem klingen wieder einige Titel lyrisch und melodisch und bisweilen glatter als *Imagine*, woran er deutlich anknüpft.

Er hatte im Oktober auch die Einwanderungsbehörde verklagt, um seine Akten einsehen zu dürfen, weil er den Verdacht hegte, daß sein Telefon abgehört worden war. Die Klage wurde abgewiesen. Im November wurde Richard Nixon wiedergewählt.

Im Dakota Building hatten die Lennons die zweiundzwanzigjährige chinesischstämmige New Yorkerin May Pang in ihre Dienste genommen. Eigentlich hatte sie schon im vorangegangenen Herbst, kurz vor der Ausstellung im Emerson Museum, angefangen, für die beiden zu arbeiten. Neben allen möglichen täglichen Aufgaben erfüllte sie die Rolle einer Sekretärin und einer Vermittlerin zwischen den Lennons und der Presse. Sie war gescheit, hübsch und robust – was jeder sein mußte, der für die Lennons arbeitete –, doch mit der Rolle, die man ihr Ende 1973 zudachte, hatte sie nicht gerechnet.

Es war Yoko, die Lennon vorschlug, eine Zeitlang an die

Westküste zu fahren. Ihre Ehe war zwar nicht wirklich gescheitert, aber es schien mit ihnen nicht gut weiterzugehen, wie an Lennons Musik abzulesen war. Ihre Beziehung konnte die neuen und bösen Erfahrungen, seit sie politisch auftraten, nicht abfangen.

Lennon wollte die Vereinigten Staaten nicht verlassen, da man ihm die Wiedereinreise verweigert hätte. Yoko dagegen hatte im März die ständige Aufenthaltserlaubnis erhalten. Nach Kalifornien umsiedeln, alleine beziehungsweise ohne Yoko, bot sich als Lösung an. Und May Pang sollte den labilen Ehemann begleiten, ihm zur Seite stehen – auch dies auf Yokos Vorschlag. Er wurde angenommen, und so fuhren May Pang und John Lennon im Oktober nach Los Angeles. Dort genoß er alles, was sich ihm bot, doch er war ein psychisches Wrack, und er wußte es. Später, nachdem er wieder zurück in New York war, bekannte er: «In L. A. herrscht ein anderes Tempo, ein völlig anderer Lebensstil. Man muß sich entweder am Strand aufhalten, oder man wird Teil dieses endlosen Showbusiness-Partyreigens. Diese Szene macht mich nervös, und wenn ich nervös bin, dann brauche ich einen Drink, und wenn ich trinke, werde ich aggressiv.» So ging es etwa neun Monate lang. Lennon verließ sein Zuhause im September 1973 und kehrte erst im darauffolgenden Spätsommer nach New York zurück. Aber Yoko ließ ihn erst Anfang 1975 wieder in die gemeinsame Wohnung im Dakota Building ein.

Im Herbst 1973 hatte sie viele Dinge zu organisieren, denn mit Lennons schon vor der Trennung begonnenem Rückzug aus Geschäftsdingen blieb es – mit seinem Einverständnis – ihr überlassen, sich mit den anzugtragenden «businesspeople» abzugeben, die John zunehmend haßte und nicht mehr zu Gesicht bekommen mochte. Yoko Ono übernahm diese Rolle, sie wurde von den Medien sofort als die kluge, geldgierige Geschäftsfrau stilisiert – was davon wahr ist, wissen nur die unmittelbar Beteiligten –, und rief mehrfach in der Woche bei May Pang in L. A. an, um zu hören, ob ihr empfindlicher, jähzorniger und seit neuestem trinkender Popstar-Ehemann einigermaßen zurechtkam. Lennon hatte wohl das Gefühl, jede Menge intensives Leben nachholen zu müssen – und das tat er mit Inbrunst. Goldman hat sich mit unerträglicher Akribie darüber ausgelassen, Coleman hat darüber etwas zutreffender berichtet. Denn wie zu erwarten, waren die öffentlichen Entgleisungen Lennons in Nachtclubs gefundenes «Fressen» für die Journalisten, die Zeitungen hatten ihre Aufmacher. Der politische Lennon war also nicht «echt», in Wahrheit ist er nur haltlos, schien die Botschaft überall zu lauten.

Die Liste der Skandale ist allgemein bekannt: wie Lennon ganze Wohnungseinrichtungen demolierte, wie er in Nachtclubs randalierte, bis er vor die Tür gesetzt wurde, wie er zu einem Treffen mit Jerry Lee Lewis (einem seiner Idole aus der Teenagerzeit) in volltrunkenem Zustand erschien, wie er sich in einem Restaurant eine Damenbinde an die Stirn pappte, wie er sich mit Fans prügelte, wie er ins Studio ging, um sein nächstes Album – *Rock 'n' Roll*, von Phil Spector produziert – aufzunehmen, in erster Linie aber, um sich zu besaufen, wie man ihn ans Bett fesselte, um ihn daran zu hindern, sich selbst oder May Pang etwas anzutun. Und so weiter.

May Pang war offiziell als Johns Assistentin nach Kalifornien mitgegangen. Sie hatte ebenfalls eingewilligt, seine Geliebte zu werden – und Yoko hatte nichts dagegen. May war Lennon tatsächlich eine Art Trost während dieser Black-out-Phase, sie war ihm eine emotionale Stütze und zweifellos sexuell attraktiv. Aber es war nicht die «große Liebe», als die sie manchmal dargestellt wird, zum Beispiel von May Pang selbst in dem Buch *Loving John*, das sie 1983 zusammen mit Henry Edwards schrieb. Es gab jede Menge andere Frauen, mit denen Lennon in dieser Zeit seines «Ausflippens» ins Bett ging. Frauen, die nur wild darauf waren, mit dem Popstar zu schlafen: Groupies – genau wie in den alten Beatles-Zeiten.

Der unglücklichen May indessen fiel es schwer zu akzeptieren, daß sie von Yoko mehr oder weniger dazu auserwählt worden war, ihrem selbstzerstörerischen Ehemann als Gefährtin zu dienen, während er sich vorübergehend vor den Herausforderungen seines Lebens – seiner Musik und seiner Frau – zurückzog, und während Yoko sich Gedanken darüber machte, was sie tun konnte, um ihren Mann wieder zur Besinnung zu bringen.

Die Liste der Leute, mit denen zusammen Lennon die Westküste unsicher machte, ist so bekannt wie die Liste seiner Eskapaden: Harry Nilsson, Mick Jagger, der Gitarrist Jesse Ed Davis, Ringo Starr, Alice Cooper und Keith Moon. Als Nilssons Karriere am Verblassen war, erklärte Lennon sich bereit, ein Album für den Sänger des Riesenhits von 1971 «Without You» zu produzieren. Das Album trug den Titel *Pussycats*, und es bekam wenig Resonanz. Trotz Trinkerei und Wutanfällen ging auch die Produktion von *Rock'n'Roll* weiter. Nach einer chaotischen Session im kalifornischen Tonstudio muß Phil Spector, der sich inzwischen zu einer Art musikalischem Hintergrund-Ich Lennons entwickelt hatte, die Nerven verloren haben. Er packte jedenfalls alles bespielte Tonmaterial zusammen und verschwand. Das war Anfang 1974, und erst im Juni gelang es Lennon, sich die Bänder wiederzubeschaffen.

Das Leben, das Lennon an der Westküste führte, war rastlos, ziellos und von der Flucht in den Alkohol geprägt, aber dann gab es in seiner nächsten Umgebung ein Alkoholopfer: Nilsson, ein hoffnungsloser Fall, starb überraschend, und Ringo Starr mußte sich nach einer schweren Krankheit zu einer Entziehungskur begeben. Vielleicht bewirkte dies, zusammen mit May Pangs und telefonisch auch Yokos Versuchen, ihn «zur Raison» zu bringen, daß er sich wieder aufraffte zu einem weniger selbstzerstörerischen und seine Umgebung enervierenden Lebensstil. Vielleicht gaben ihm auch der Rücktritt Nixons am 8. August 1974 und das Erscheinen seines im Vorjahr, vor der Trennung von Yoko, produzierten Albums *Walls and Bridges* im September einen gewissen psychischen Auftrieb. Yoko hatte jedenfalls Lennons Leben mit May Pang nicht aus ihrem Blickfeld entschwinden lassen. In einer Art *tele-ménage à trois* standen die drei täglich in Telefonkontakt. Und es mag für ihre Beziehung sprechen, daß John und Yoko selbst in schwierigsten Zeiten und über eine Entfernung von 3000 Meilen hinweg den Kontakt aufrechterhielten.

Eine weitere positive und unterstützende Person in der Nähe von Yoko und John, seit Erscheinen des Albums *Some Time in New York City*, das die politischen Lennons 1972 in den USA präsentierte und von den Kritikern abgelehnt wurde, war Elliot Mintz. Mintz, ein gewissenhafter und sehr belesener achtundzwanzigjähriger Radio- und Fernsehreporter, hatte damals mit seinen interessanten Interviews mit Stars und Staatsmännern Bekanntheit erlangt. Yoko hatte ihn zuerst kennengelernt und war eine Art Fan von ihm. Nachdem das politische Lennon-Ono-Album auf den Markt gekommen war, hatte Mintz ein Rundfunkporträt von Yoko produziert und ein Interview mit ihr geführt, und er hatte sie als erster unter den amerikanischen Medienvertretern ernst genommen.

Als in Mintz' Büro in Los Angeles Hunderte von Briefen eintrafen, mit denen Radiohörerinnen und -hörer auf seine Sendung mit Yoko Ono reagierten, rief er sie in New York an, um ihr von dem öffentlichen Interesse zu berichten. Es war der Beginn einer Telefonfreundschaft, die im Spätsommer 1972 zu einem Treffen mit den Lennons führte, als die beiden ihn nach einer mehrwöchigen Autotour durch die USA besuchten, wobei sie wieder einmal vergeblich versucht hatten, Kyoko ausfindig zu machen.

Für Mintz selbst hatte die Freundschaft mit den Lennons einen radikalen Start: Nachdem er das komplette Album *Some Time in New York City* in seiner Sendung gespielt hatte, wurde er gefeuert. Die politisch eindeutigen Texte und Titel von Songs wie zum Beispiel «Woman Is the Nigger of the World» und vielleicht noch mehr das Lied für Angela Davis, die politische Gleichberechtigung für Schwarze gefordert, Schlagzeilen gemacht und für ihre Aktivitäten zu jener Zeit in einem kalifornischen Gefängnis inhaftiert war, hatten die ehrbaren Sponsoren des Senders aufgebracht.

Mintz ließ sich jedoch nicht beirren. Er war fasziniert von Yoko, und er mochte Lennon. Mintz nahm die Einladung der Lennons an, sich mit ihnen in San Francisco zu treffen, wo er einen ganzen Monat mit ihnen verbrachte. Er erlebte zwei Menschen, die sich offensichtlich liebten, die zärtlich miteinander umgingen und sich in Gegenwart des anderen wohl fühlten. Außerdem fiel ihm auf, daß die beiden «erbärmlich mager» waren; John und Yoko nahmen damals weiterhin Methadon, versuchten jedoch, davon loszukommen. Mintz erinnert sich an Tage, an denen die Lennons von ihren Entzugserscheinungen so geschwächt waren, daß sie das Hotel nicht verlassen noch sonst irgend etwas tun konnten. Aber sie waren wild entschlossen, so Elliot Mintz, sich vom Methadon zu entwöhnen.

Er blieb während des darauffolgenden Jahres in enger Verbindung zu den Lennons. Im Oktober 1973, als Lennon und May Pang in L.A. eintrafen, holte er sie vom Flughafen ab. Yoko wußte, daß Lennon ohne die Hilfe von May und Mintz nicht zurechtgekommen wäre, denn er war nicht nur unpraktisch und nicht mehr gewöhnt, sich um Alltagsdinge selbst zu kümmern, es kam hinzu, daß er als Ex-Beatle und nun auch als Lennon-Ono-Popstar in Amerika keinen Supermarkt, keine Bank, keinen Tante-Emma-Laden, keine Bar oder überhaupt irgendeinen öffentlichen Ort betreten konnte, ohne einen Menschenauflauf zu verursachen.

Coleman erinnert sich (mit der Gedächtnishilfe von Mintz), wie Lennon einen Stapel Travellerschecks einlöste, sein Taschengeld für Kalifornien (10000 Dollar):

Er hatte noch nie in seinem Leben soviel Bargeld in der Hand gehabt, und er wollte ausprobieren, wie man sich damit fühlte. Er nahm die zehntausend Dollar und stopfte sie sich in seine Jackettasche. Er sagte, er sei zum ersten Mal in seinem Leben in einer Bank gewesen.
Mintz witzelte: «Wenn alles klappt, nehme ich dich nächste Woche mit in einen Supermarkt.» John lachte. «Und was für ein Gefühl war es, in eine Bank zu gehen?»
Lennon antwortete: «Es war genauso wie überall sonst auch. Ich habe auf vielen Zetteln Papier mein Autogramm gegeben.»

Leider ging nicht alles gut. Mintz berichtete Coleman weiter:

Die Monate in Los Angeles bedeuteten für John das Ende einer Ära. Die Wildheit, die den Lennon der Liverpooler Hinterhöfe und Bars in Hamburg gekennzeichnet hatte, endete auf dem Sunset Strip in Hollywood. Später erzählte er mir, er hätte den Jungs einfach zeigen wollen, daß er genauso tief sinken konnte wie sie. Er konnte mehr Alkohol vertragen, länger aufbleiben, mehr Rock'n' Roll spielen und genauso verwegen sein wie die anderen. Es war ein rastloser Abschied von einer Person, der er bereits entwachsen war. Die verrückten Sessions mit Phil Spector, den er liebte und bewunderte, die Saufgelage mit Keith Moon, Harry Nilsson und Ringo, die Hollywood-Partys und die endlosen Nächte: das alles gehörte zu einem langen Loslösungsprozeß. Bei den meisten Leuten bedeutete es nichts, wenn sie solche Dinge taten. Bei Lennon jedoch war die Wirkung größer als das tatsächliche Geschehen.

1988 erinnerte sich Mintz noch einmal:

Das «verlorende Wochenende» (wie später seine kalifornische Zeit genannt wurde) war eine Mischung aus verrückter Party, einer Reise in die Niederungen der Unvernunft und, ich glaube, Johns letztem Versuch, sich seiner Männlichkeit zu vergewissern. Es war sein Abschied von seiner Jugend, um endlich ein Mann zu werden, mit Yoko zusammensein zu können und ein Kind mit ihr zu haben. Manche Leute feiern eine Junggesellenparty, John hatte sein verlorenes Wochenende.

Das Schlimmste, was ich über John sagen kann, ist, daß er ein lausiger Trinker war. Nach zwei Brandy Alexander war er charmant, geistreich und unterhaltsam, erzählte alte Geschichten. Nach dem dritten wurde er zynisch, und danach wurde er unerträglich.

Sean

Der John Lennon, wie ihn Elliot Mintz Anfang 1974 beschreibt und um den er sich kümmerte, war noch lange nicht wieder so weit, daß ihn Yoko Ono auch nur im Traum wieder in ihrer Nähe akzeptiert hätte. Zwischendurch hatte er aber immerhin genug Energie und Konzentrationsfähigkeit aufgebracht, um eine weitere Langspielplatte zu produzieren. Mitte 1974 nahm er *Walls and Bridges* auf, die sich an Yoko richtete, obwohl zum erstenmal, seit es die Plastic Ono Band gab, ihr Name nicht darauf vorkam. Das Album erschien im September 1974.

Songs wie «Going Down on Love», «Scared» und «Nobody Loves You (When You're Down and Out)» waren «Frontberichte» von der Westküste, mit denen Lennon darum bat, gehört und als geläutert akzeptiert zu werden, während so ein fetziges Stück wie «Whatever Gets You Thru the Night» ein Beweis dafür war, daß er immer noch echte, aufregende Rockmusik schreiben konnte. Der Song wurde mit Elton John am Keyboard aufgenommen und kam zur Überraschung aller am 16. November 1974 auf Platz eins der amerikanischen Hitlisten. «# 9 Dream», ein weicherer Song, malte eine Landschaft der Sehnsucht, ähnlich seinen älteren «Strawberry Fields Forever» oder «Across the Universe». Das Album *Walls and Bridges* zeigte alles in allem unterschiedliche Seiten John Lennons und erinnerte bisweilen mit einigen Titeln an alten Rock 'n' Roll. Es wurde in New York City aufgenommen, als Lennon und May Pang während eines Urlaubs von L.A. in einem Apartment in der 52. Straße mit Ausblick auf den East River wohnten – symbolisch näher bei

Yoko und tatsächlich «auf halbem Wege» zu ihr zurück. Aber es würde noch eine Zeit vergehen, bis seine Frau ihn wieder bei sich aufnahm.

Yoko hatte sich zurückgezogen, war aber aufgrund der Trennung von Lennon und wegen seiner Eskapaden wieder zur Zielscheibe für die Medien geworden, die ihr immer noch vorwarfen, die Beatles auseinandergebracht zu haben. Gleichzeitig wurde endlos spekuliert über ihre geschäftstüchtigen Umtriebe und darüber, ob sie wohl Lennons Vermögen nun definitiv auf ihre Seite brachte. Demgegenüber verlangten vor allem die Musikmagazine hin und wieder nach einer neuen *Beatles*-Produktion. Yoko behielt die Ruhe; sie war, wie Mintz mir berichtete, «ruhig und gelassen und froh, dem John-und-Yoko-Reporter-Rummel entkommen zu sein». Sie zeigte sich kaum in der Öffentlichkeit, reiste allerdings zu eigenen Auftritten nach Japan und einmal nach San Diego. Sie kaufte Kunst und Antiquitäten in der Columbus Avenue und erweiterte ihre seltsame Sammlung im Dakota-Haus, die später irgendwann sogar einen vergoldeten ägyptischen Sarkophag einschließlich Mumie enthielt (in Ägypten gekauft). Das berühmteste Möbelstück in der Wohnung, in der jedes Zimmer in einem eigenen Farbton abgestimmt war, war der weiße Flügel, den Lennon Yoko zu ihrem achtunddreißigsten Geburtstag geschenkt und auf dem er sein «Imagine» komponiert hatte.

Yoko entschloß sich außerdem, selbst ins Aufnahmestudio zu gehen, zusammen mit dem Gitarristen David Spinozza, einem Top-Musiker, der schon zusammen mit Lennon *Mind Games* aufgenommen hatte. Das Resultat war die LP *Feeling the Space*, die eine wesentliche Verbesserung gegenüber ihrem letzten Doppelalbum *Approximately Infinite Universe* darstellte. Letzteres war mit Lennon an der Gitarre und Elephant's Memory, der «revolutionären» Gruppe der Lennons, Ende 1972 aufgenommen worden. Es enthielt keine großartige Musik und war in dieser sehr politischen Phase vor allem

Ausdruck von Yokos Orientierungen, ihres aufkommenden Feminismus, und glänzte nicht durch Differenziertheit. Während man *Universe* als ihre eigene Ausgabe des als Zeitung aufgemachten Albums *Some Time in New York City* bezeichnen könnte, so antwortete *Feeling the Space* 1974 als feministische Version auf *Mind Games*.

Mit «Men Men Men», dem letzten Stück auf dem Album, gelingt Yoko eine treffende Umkehrung der machohaften Art und Weise, wie Frauen im Pop-Song als Sexualobjekte abgehandelt werden: die Lippen der Männer sind zum Küssen da, nicht, um eine Meinung zu äußern, ihre Jeans sitzen nicht eng genug und so weiter. Am Ende fordert sie auf, aus dem Käfig zu kommen, und die Stimme, die antwortet, ist Lennons. «Woman Power» dagegen scheint die Machtfrage zu stellen: «Zu harter funk metal machine music», schreiben Simon Reynolds und Joy Press, «die wie eine Mischung aus Kraftwerk und Led Zeppelin klingt, erklärt Ono sich zur Präsidentin.» Dabei sang sie lediglich: «We women have the power to rule the world» und: «I teach you how to knit ...», während in den westlichen Ländern die neue Frauenbewegung längst von sich Reden gemacht hatte und erste nur von Frauen durchgeführte Demonstrationen gegen Abtreibungsverbot und für Gleichberechtigung Medienpublizität gewannen: «Frauen gemeinsam sind stark» war das Motto.

Während der Ehemann an der Westküste Aufsehen erregte, nahm sie sich in New York ihre Liebhaber. Auch mit Spinozza geschlafen zu haben, wahrscheinlich 1974, behauptete sie später. Während der Gitarrist stets bestritten hat, jemals eine Affäre mit ihr eingegangen zu sein. Allerdings zeigte Yoko starkes Interesse an ihm und überhäufte ihn während Lennons Abwesenheit mit Geschenken. Mit Sicherheit lag ihr an Spinozza, dessen musikalisches Können ihre Produktion nicht unwesentlich qualitativ unterstützte. Denn die Ehe mit dem Rockmusiker Lennon hatte eins ihrer dringendsten Bedürfnisse verstärkt: die Wahrung ihrer künstlerischen Identität, die sich eine ganze Zeitlang vor ihrer Begegnung mit ihm geformt hatte.

Spinozza fühlte sich offenbar von Yoko Ono nicht in der gleichen Weise angezogen und widmete seine Aufmerksamkeit schon bald einer jungen Schauspielerin. Yoko ging ihm auf die Nerven, vor allem mit ihrer musikalischen Arbeitsweise. Sie war sprachlich versiert, aber auf musikalischem Gebiet eine Analphabetin, wie er es empfand. Es hieß, daß sie sich um die Texte kümmerte, während weitgehend Spinozza und seine Musiker die Musik dazu beisteuerten. Als die bekannte «Frau an der Seite des Stars» erfreute sie sich einer gewissen Bewunderung von seiten ihrer Mitarbeiter, die ihr, wäre sie wie zu Beginn der sechziger Jahre nur die Konzeptkünstlerin Yoko Ono gewesen, in diesen Kreisen sicherlich nicht zuteil geworden wäre.

John liebte Yoko, und Yoko liebte ihn, auch wenn sie sich getrennt hatten, und auch wenn ihnen die Fähigkeit, ihre Liebe auszudrücken, abhanden gekommen war, und obwohl viele, die sie kannten, ihre Beziehung für beendet hielten. Lennons One-night-stands mit kalifornischen Groupies und auch seine Liebe zu May Pang waren ein schwacher Ersatz für das, was er mit Yoko Ono gelebt hatte, das schien ihm klarzuwerden. Mit seiner Rückkehr nach New York Mitte 1974 begann er um seine Wiederaufnahme bei seiner Frau zu kämpfen. Er und Yoko telefonierten weiterhin häufig miteinander und hielten sich gegenseitig über sämtliche ihrer Schritte und Aktivitäten auf dem laufenden.

«Es war eine komplizierte Beziehung», sagte Peter Brown, der damals für die Robert Stigwood Organisation in New York arbeitete. Er behauptete ebenfalls, Yoko hätte John während des Herbstes 1974 dreimal zu kurzen Besuchen im Dakota-Gebäude empfangen, was jedoch von niemandem sonst bestätigt wurde. Elliot Mintz beobachtete, daß Yoko sehr um Johns Wohlergehen besorgt und froh war, einen Verbündeten wie Mintz zu haben, der John im Auge behielt:

auch Mintz und Yoko telefonierten während der Trennungsphase der Lennons ständig miteinander.

Am 28. November 1974 begann eine Wiederannäherung nach etwas mehr als einem Jahr der Trennung für die beiden. An diesem Abend gab Elton John, einer der größten britischen Popstars seit den Beatles, ein Konzert im Madison Square Garden in New York. Als Ausgleich für die Hilfe, die er Lennon bei «Whatever Gets You Thru the Night» geleistet hatte, hatte Elton John ihn gebeten, bei seinem geplanten Konzert live auf der Bühne mit ihm zusammen aufzutreten, falls der Song es auf Platz eins der Hitliste schaffte. In der Annahme, das Stück würde sowieso keine Furore machen, sagte Lennon zu. Als «Whatever Gets You ...» im November die *Billboard*-Charts anführte, rief Elton John an, um ihm zu sagen, er werde am 28. November ein Thanksgiving-Konzert geben. Lennon erklärte sich bereit, sein Versprechen zu halten.

Yoko hatte über Buschfunk von dem Überraschungsauftritt erfahren und bat Elton Johns Manager, ihr zu ermöglichen, das Konzert ohne Lennons Wissen zu besuchen. Die Bitte wurde ihr erfüllt. Yoko schickte sowohl Elton als auch Lennon einen Strauß Gardenien mit einer Karte in die Garderobe, auf der sie ihnen Glück wünschte. Lennon, hochgradig nervös, freute sich über die Geste und atmete erleichtert auf, weil er annahm, daß es ihm erspart bleiben würde, vor Yoko aufzutreten. In dem Augenblick, als das Licht ausging, schlüpfte sie auf ihren Platz.

Nach Elton Johns Hauptteil des Konzerts, der etwa anderthalb Stunden gedauert hatte, ging das Licht an, und Elton stellte seinen Gast vor. John betrat die Bühne in einem dunklen Anzug, eine E-Gitarre um den Hals. Die Augen waren hinter den kreisrunden Gläsern einer Sonnenbrille verborgen, und seine Frisur war der Original-Lennon von 1968. Die Menge tobte. Lennon hatte seit August 1972, als er am selben Ort zusammen mit Yoko, der neuen Band und in einem gefeierten One-to-one mit Stevie Wonder bei einem Benefizkonzert für geistig Behinderte aufgetreten war, nicht mehr live auf der Bühne gestanden. Mehr als zwei Jahre danach war keiner unter den Zuschauern, der nicht von dem, was er sah, berührt oder beeindruckt war; trotz seiner Fehler war John Lennon immer noch ein Massenidol. Yoko brach in Tränen aus.

Sechs Jahre später erinnerte sie sich:

«... er stand da, und alle, ich bin mir sicher, daß die Leute das einfach großartig fanden. Aber der John, den ich sah, war ein anderer John, ich dachte, er sieht so einsam aus, er wirkt so allein da oben.»

John verkündete von der Bühne: «Ich hab mir gedacht, wir spielen einfach ein Stück von einem alten Verlobten von mir namens Paul.» Während das Publikum in Raserei ausbrach, stimmten Elton Johns Musiker den Beatles-Song «I Saw Her Standing There» mit John Lennon als Lead-Sänger an; dann folgte «Lucy in the Sky», dann «Whatever Gets You ...». Lennon weigerte sich, «Imagine» zu singen, obwohl Elton John ihn sehr darum gebeten hatte; dies sei Eltons Show, hatte Lennon erklärt.

Später kam Yoko zu Lennon in die Garderobe.

«Oh, hallo», sagte John. «Bist du heute abend hiergewesen?»

«Du warst großartig, John», sagte Yoko.

«... und auf einmal stand sie da», sagte Lennon (zu Peebles) in demselben Interview, «und wir haben uns nur angesehen. Oh, oh, genau dieselbe Szene wie damals in der Galerie Indica, und an diesem Abend sind wir wieder zusammengekommen, das ist also eine glückliche Erinnerung, diese Zeit.»

Es sollte immer noch zwei Monate dauern, bis John wieder zurück ins Dakota durfte. Gegen Ende des Jahres trafen die beiden sich mehrmals zum Tee im Plaza, einem von New Yorks vornehmsten Hotels. Yoko ließ sich immer noch Zeit.

Vor ihr lagen diverse Möglichkeiten – der Ausbau ihrer Karriere, Reisen, neue Liebhaber.

Lennons Möglichkeiten hatten sich mittlerweile sehr reduziert: als Komponist hatte er den Impetus verloren, der ihn zu einer der bedeutendsten Figuren der Popmusik der Nachkriegszeit gemacht hatte. Nachdem Phil Spector die Bänder von *Rock 'n' Roll* Mitte 1974 wieder herausgegeben hatte, nahm Lennon in New York in Windeseile zehn weitere Stücke auf, die er mit den vier als verwertbar erachteten Songs von seinen betrunkenen Sessions 1973 mit Spector zu einem Album zusammenstellte, das schließlich im Februar 1975 auf den Markt kam, wobei zwei Schallplattenfirmen um die alleinigen Rechte daran kämpften.

Rock 'n' Roll ist, obwohl musikalisch schwach, zu einem Sammlerstück geworden: es ist ein Album, mit dem einer der größten Stars der Rock-Ära seinen Wurzeln die Ehre erweist. Nicht gerade eine überwältigende Sammlung von Stücken, aber hier wurde wiederum hörbar, ähnlich wie auf *John Lennon/Plastic Ono Band*, daß Lennon in der Lage war, jenseits seiner musikalischen Identität als Beatle einen eigenständigeren Stil zu finden. Außerdem stellt auch das Cover von *Rock 'n' Roll* eine Reminiszenz an die Herkunft, die *roots* dar: es zeigt ein Foto von Lennon in Lederjacke in einem Türrahmen in Hamburg, aufgenommen 1961 von Jürgen Vollmer.

So wollte John Lennon, 1974 an einem Scheideweg in seinem Leben angekommen, gesehen werden: weder als Beatle noch als das haltlose, destruktive Individuum, zu dem er zeitweise in der Öffentlichkeit geworden war. Mit *Rock 'n' Roll* stellte er unter Beweis, daß er mit vierundzwanzig – als er instinktiv auf neue Sounds und Rhythmen reagierte, die er zum Entzücken der Welt bald verwandeln sollte – ein verborgenes Talent besessen hatte.

Was aber akut sein Privatleben und seine Beziehung zu Yoko Ono, was ihrer beider mögliches Wiederzusammenkommen betraf, so gab seine Frau den Ton an. John würde auf Alkohol und Drogen verzichten müssen, sich von seinem kalifornischen Lebensstil lossagen und, wie in den ersten Jahren nach 1968, an Yokos Seite bleiben müssen. Er würde wieder der rücksichtsvolle John werden müssen, mit dem Yoko ihr Leben früher gern geteilt hatte.

Keine dieser Bedingungen wurde je ausdrücklich ausgesprochen, dazu waren John und Yoko nicht pedantisch genug. Aber sie waren beide einsichtig genug, und beiden lag das Wohlergehen des anderen am Herzen, um einzusehen, daß man sich entgegenkommen mußte. Wie um sich auf eine Zeit der Häuslichkeit vorzubereiten, verbrachte Lennon Weihnachten 1974 mit seinem elfjährigen Sohn Julian aus seiner ersten Ehe. Cynthia brachte Julian nach Los Angeles und machte zusammen mit ihm und May Pang einen Ausflug nach Disneyland. Es waren anstrengende Tage, in denen Cynthia sich vergeblich bemühte, eine freundschaftliche Beziehung zu ihrem Ex-Ehemann aufzubauen. Es war das letzte Mal, daß sie ihn sah.

Yoko hatte Lennon in New York erklärt, wenn er zu ihr zurückkehren wolle, müsse er an Leib und Seele geläutert sein. Im Januar 1975 kamen sie beide zu dem Schluß, daß die Zeit reif war: John Lennon zog zurück ins Dakota-Haus.

Daß Yoko noch im selben Monat schwanger wurde, gehört zu den bemerkenswerten Momenten in der Geschichte dieses Paars. Es war, als hätten beide diese Schwangerschaft vorbereitet und geplant wie früher eine ihrer Friedensaktionen. Schon 1972, nach ihrer Autofahrt quer durch die USA, hatten sie in der Hoffnung, ihrer Fruchtbarkeit mit exotischen Rezepten auf die Sprünge zu helfen, in San Francisco einen chinesischen Arzt für Naturheilkunde und Akupunktur aufgesucht. Lennon wußte damals bereits, daß seine Fortpflanzungsfähigkeit eingeschränkt war, und seine Frau war neununddreißig Jahre alt. Die Chancen, daß die beiden ein Kind zeugen würden, standen äußerst schlecht. Der Rat,

Two Virgins, zwei Jungfrauen, zwei Liebende: John und Yoko hatten von Anfang an keinerlei Scheu, ihre Empfindungen füreinander öffentlich darzustellen – ob vor Kameras, im Fernsehen oder in ihrer Musik.

den der chinesische Arzt ihnen gegeben hatte, war simpel: Verzichten Sie auf Alkohol und Drogen, ernähren Sie sich vernünftig, dann klappt es bestimmt. Das versuchten sie beide damals, wie Elliot Mintz berichtete, aber dann kamen Rückfälle und während der Trennung noch zusätzlich das Trinken. Es war also fast ein Wunder, daß er Anfang 1975 tatsächlich wieder in der Lage war, seine Frau zu schwängern, aber, wie Ray Coleman bemerkte: «Der Lennon, den ich während der zweiten Hälfte des Jahres 1974 häufig traf, war nüchtern, schlank, fit und offensichtlich entschlossen, es zu bleiben.»

1975 traten John und Yoko zum erstenmal seit Mitte 1973 wieder gemeinsam öffentlich auf, als sie am 1. März zur Verleihung der Grammy Awards in Los Angeles erschienen. Es gibt ein berühmtes Foto von den versammelten Popstars, das für manchen ein Sinnbild für die Musik der sechziger und siebziger Jahre ist: am einen Ende ein lächelnder, dünner David Bowie, wie er an zwei verträumt dreinblickenden Gestalten – Paul Simon und Art Garfunkel – vorbei zu dem ebenfalls lächelnden John Lennon hinüberschaut, der mit Yoko Ono zusammen am anderen Ende steht. Yokos Lippen sind andeutungsweise zu einem Lächeln verzogen, eine Seltenheit bei ihr, und ihr runder Bauch läßt keinen Zweifel daran, daß sie schwanger ist.

Wie ein Symbol für ihren neuen Start zu zweit wirkte diese entgegen aller Wahrscheinlichkeit sofort nach ihrer Versöhnung entstandene Schwangerschaft. Es sollten jedoch keine leichten neun Monate werden. John war immer noch in verschiedene Prozesse verwickelt – immer noch lief seine zweite, diesmal angenommene Klage gegen die Einwanderungsbehörde, um Akteneinsicht zu erlangen, sowie ein Prozeß wegen des Verkaufs einer unautorisierten Version von *Rock'n'Roll*, ein weiterer wegen seines Ausweisungsbescheids und einer gegen Allen Klein, den letzten Beatles-Manager, der auch für die Lennons gearbeitet hatte. Und

Yokos Schwangerschaft verlief, wie nach ihren früheren Fehlgeburten kaum anders zu erwarten war, nicht ohne Komplikationen.

Ungeachtet seiner nicht verwendbaren Aufnahmen von 1973/74 und seiner kreativen Flaute in dieser Zeit war Lennon mit seinem letzten Album musikalisch wieder in Fahrt gekommen. Und seine verbesserte Gesundheit hatte ihn wieder Motivation und einigen Drive entwickeln lassen. Anfang 1975 hatte er vor, wieder ins Studio zu gehen und eine neue Langspielplatte aufzunehmen. Nachdem jedoch die Ärzte Yoko eröffnet hatten, daß sie mit einer komplizierten Schwangerschaft rechnen müsse, verkündete John eines Abends, er werde die Arbeit an dem neuen Album einstellen.

Und so zog John Lennon sich zum ersten und einzigen Mal aus seinem Beruf zurück, den er als Sechzehnjähriger in Liverpool mit seiner ersten Band namens The Quarry Men angetreten hatte. Später sah er das so:

«Meine Gitarre hing über dem Bett. Und ich glaube, ich habe sie in den ganzen fünf Jahren nicht ein einziges Mal heruntergenommen ... Sich von etwas zu verabschieden ist viel schwerer als weiterzumachen. So etwas ähnliches müssen Männer mit fünfundsechzig durchmachen, wenn sie auf einmal überflüssig sind und aus dem Büro gejagt werden. Ich hatte von 1962 bis 1973 kontinuierlich Musik gemacht. Auf Befehl, nach Plan, ununterbrochen. Ich mußte mich an den eigenen Haaren aus dem Sumpf ziehen. Es war mir plötzlich viel wichtiger, mich auf meine Familie, auf diese Realität zu konzentrieren, als weiterhin ein Leben für das Rock'n'Roll-Showbiz zu führen.»

Es war eine ehrliche und praktische Entscheidung. Lennon war Julian ein sehr schlechter Vater gewesen. Yoko hatte Kyoko auch nicht wesentlich besser behandelt, bis sie soweit war, daß sie sich für die Tochter interessierte. (Was dann aber vor allem zu vergeblichen Versuchen, ihre Tochter zu sich zu

Bei der Gartenparty einer Kirchengemeinde in Liverpool am 6. Juli 1957 spielte der sechzehnjährige John Lennon (am Mikrofon) mit seiner ersten Band The Quarry Men.

Wenige Stunden nach Aufnahme dieses Fotos lernte er den jüngeren Paul McCartney kennen, womit eine der ruhmreichsten Partnerschaften in der Geschichte der Popmusik begann.

holen, geführt hatte.) Ein eigenes gemeinsames Kind stellte in gewisser Hinsicht für beide eine Bestärkung ihres gemeinsamen Neuanfangs, eine Möglichkeit, endlich eine richtige Familie zu sein, dar. John wußte, daß dies seine letzte Chance war, sich als Vater zu bewähren, und es erübrigt sich zu erwähnen, daß auch für Yoko – im Alter von zweiundvierzig Jahren – der letzte Moment, noch einmal Mutter zu werden, gekommen war. Seit 1967 waren sie zusammen durch Tiefen und Höhen gegangen, hatten ihre Egoismen ausgelebt, ihre jeweilige Kunst in die Welt gebracht, sich gestritten und wieder vertragen: und jetzt würde mit dem Kind eine neue Zeit anbrechen. Sie wurden beide – zum erstenmal in ihrem Leben – zu Eltern, weil sie es sich sehr wünschten.

Am 9. Oktober 1975 um 2.00 Uhr morgens gebar Yoko im Krankenhaus einen Jungen: ausgerechnet an Johns 35. Geburtstag. Dies war nicht etwa geplant, und die Geburt war äußerst kompliziert. Yoko brauchte mehrere Bluttransfusionen, was ebenfalls Probleme bereitete, da sie eine seltene Blutgruppe hatte. Eigentlich wollten Yoko und John eine natürliche Geburt, auf die sie sich seit Monaten vorbereitet hatten. Yokos Zustand war jedoch zu kritisch, den Ärzten und Ärztinnen war ein solches Verfahren zu riskant.

Der Junge kam schließlich durch einen Kaiserschnitt zur Welt und erhielt den Namen Sean – die irische Version von John – Taro Ono Lennon. Lennon verkündete an diesem Tag, er fühle sich «higher als das Empire State Building». Die Freude war doppelt: er war am 9. Oktober Vater geworden, und am 8. Oktober hatte man ihm mitgeteilt, daß er seinen viereinhalbjährigen Kampf um die Aufenthaltserlaubnis in dem Land gewonnen hatte, das er sich 1971 als Heimat ausgesucht hatte.

Hausmann, Geschäftsfrau

Das Experiment des Rollentauschs war typisch für die Lennons. Von Anfang an hatten sie mit allem experimentiert, was sich ihnen bot: kein Material und auch Abfall als Material für ihre Kunst, Geräusche, Rückkopplungsfrequenzen, Tonbandgeräte als Musikinstrumente, Drogen, exzentrische Aktionen für den Frieden, Urschrei, makrobiotische Ernährung, Politik. Nicht alles hatte zu Erfolgen geführt. Der Feminismus war in den sechziger Jahren innerhalb einer intellektuellen Szenerie entstanden, und seit Anfang der siebziger Jahre hatten sich seine Thesen mit der neuen Frauenbewegung in der Öffentlichkeit Präsenz verschafft. Abgesehen von dem Umsturz, den die Forderungen nach Gleichberechtigung und Arbeitsteilung in der Familie nach Gleichheitsgesichtspunkten auch darstellten, waren damit doch neue Auffassungen von Elternschaft und Kindererziehung in die Diskussion gebracht worden.

Die Lennons waren sich einig, daß John zu Hause bleiben und Yoko anstelle der üblichen mütterlichen Pflichten die eher «männlichen» Aufgaben übernehmen und sich um das Geschäftliche kümmern würde. So, wie sie es eigentlich schon 1973 begonnen hatte. Von Anfang an gab es jede Menge Kindermädchen und sonstige Haushaltshilfen im Dakota-Haus, man sollte also Johns heldenhaften Einsatz nicht überbewerten. Aus seiner Sicht war ihre Aufgabenverteilung eine Fortsetzung der Situation, wie sie schon während Yokos Schwangerschaft bestanden hatte: er hatte sich um seine Frau und um den Haushalt gekümmert, und als Sean geboren wurde, gingen seine Zuneigung und Fürsorge einfach auf seinen Sohn über.

Yoko war früher vielleicht einigermaßen antimaterialistisch eingestellt gewesen, zumindest der Überzeugung nach. Als Kind aus reichem Elternhaus fühlte sie sich von Reichtum, vor allem aber von den damit zusammenhängenden Konventionen unterdrückt, und ihre frühe Kunst ist zum großen Teil ein Zeugnis ihres Beiseitelassens materieller Werte. Diese Weltsicht war für Yoko als Ehefrau eines ungeheuer reichen Popstars, die in einer luxuriösen Wohnung in Manhattan lebte, schwer durchzuhalten. In einer Kehrtwendung, die an die Unerschrockenheit vieler ihrer Aktionen erinnert – als sie Tony Cox heiratete, ohne sich vorher von Toshi Ichiyanagi scheiden zu lassen, als sie New York 1966 so entschieden den Rücken gekehrt hatte, als sie mit John nackt auf dem Cover von *Two Virgins* erschien, während John noch anderweitig verheiratet war, als sie sich 1969 für einen Bed-in-Kampf für den Frieden entschied –, entschloß sie sich, sich und ihre Familie reich zu machen.

Es war weder eine Laune noch die reine Gier. Im Februar 1976 lief Lennons Vertrag mit EMI/Capitol aus, und er entschied sich, ihn nicht zu verlängern. Er hatte nichts dagegen einzuwenden, daß Yoko, um den aufwendigen Lebensstil der Familie weiterhin zu sichern, nun selbst ihrer beider Vermarktung übernahm. Er kannte sie und traute ihr zu, auf diesem Gebiet erfolgreich zu sein. Zwar hatte sie wenig Sinn für Mathematik, dafür aber einen messerscharfen Verstand und bereits einen Ruf als die intransigente Ehefrau von John Lennon. Es gab kaum jemanden, nicht einmal unter den härtesten Geschäftsleuten, der Wert darauf gelegt hätte, es sich mit ihr zu verderben. Angesichts der esoterischen Philosophie von «Imagine», ebenso wie ihrer beider politischer Aktivitäten, die die frühen Jahre der Lennons in New York bestimmt hatten, war diese neue Orientierung nicht leicht nachzuvollziehen. Doch Yoko machte es sich seitdem zur Aufgabe, reicher zu werden und reich zu bleiben und den Reichtum zu genießen. Gleichzeitig ließ sie verlauten, daß Geld nur ein Bewußtseinszustand ist.

Von 1976 bis 1980, dem Zeitpunkt, als die Lennons noch einmal zusammen ins Studio gingen, um ein neues Album aufzunehmen, investierte Yoko unermüdlich und äußerst erfolgreich in Kunst, Antiquitäten und Immobilien. Als erstes nahm sie das Dakota-Haus aufs Korn; zusätzlich zu ihrer Wohnung im fünften Stock kaufte sie nach und nach jede Wohnung, die frei wurde. Insgesamt erwarb sie fünf Wohnungen sowie Geschäftsräume im Erdgeschoß, die zum Sitz von Lennono Music wurden und wo sie bis heute unter einer mit Wolkenhimmel bemalten Decke hofhält und ihre Geschäfte abwickelt. Anfang 1977 überredete sie Allen Klein, seine Ansprüche gegenüber den Beatles abzuklären, denen er allen große Summen geliehen hatte, nachdem sie ihn Anfang 1970 als Manager eingestellt hatten: er erhielt schließlich von Apple die ihm zustehenden 5 Millionen Dollar. Klein brachte seine Bewunderung für Yoko zum Ausdruck, als er sagte, sie habe ein «Kissinger-würdiges Verhandlungsgeschick» bewiesen.

Anfang 1978 kaufte Yoko 1600 Acres (647,5 ha) Weideland samt einer Rinderzucht; zweieinhalb Jahre später erzielte eins der Rinder bei einer Landwirtschaftsausstellung des Staates New York den schwindelerregenden Preis von 265 000 Dollar – weil es sich um ein Rindvieh handelte, das John Lennon und Yoko Ono gehörte. Die weitab von New York City gelegenen Farmen produzierten außerdem reichlich biologisch angebaute, frische Nahrungsmittel für die Gesundheitsapostel Lennon und Ono; sie hatten sich vorgenommen, Sean nur mit unbehandelten, naturbelassenen Nahrungsmitteln großzuziehen. Inzwischen kaufte Yoko Yachten und Häuser auf Long Island und in West Palm Beach, Florida (letzteres wurde kaum je benutzt), sie erwarb Antiquitäten und Kunstgegenstände, darunter einen Renoir, und vergrößerte das Vermögen der Lennons bis

1972 zogen John und Yoko in das Dakota-Haus am Rande des Central Park, das bis zu Johns Ermordung im Dezember 1980 ihr gemeinsames Zuhause blieb. Hier lebten in ihrer unmittelbaren Nachbarschaft weitere prominente Künstler wie zum Beispiel John Cage, der Avantgardemusiker und gute Bekannte Yoko Onos aus ihren frühen New Yorker Anfängen.

Ende der siebziger Jahre auf annähernd 250 Millionen Dollar.

Diese scheinbar grenzenlose Vermögensvermehrung vollzog sich auf diskrete Weise, nur wenige Transaktionen – wie zum Beispiel der Kauf der Wohnungen im Dakota und der Verkauf der Kuh – gerieten in die Schlagzeilen. Während dieser Zeit zogen die Lennons sich emotional und finanziell in ihr Privatleben zurück, vor allem Sean zuliebe. Sie wurden nicht gerade zu Einsiedlern, aber sie waren auch nicht mehr so gesellig wie früher. Die Geldvermehrung hatte etwas mit Nestbau zu tun: sie war die Art und Weise, wie ein ungewöhnlich berühmtes Paar, das bereits über ungewöhnlichen Reichtum verfügte, sich eine Welt schuf, über die es weitgehende Kontrolle hatte. Vielleicht nur ein neuer Exzeß, mit Sicherheit aber für die Jahre zwischen 1975 und 1979 die richtige Beschäftigung für Yoko Ono, die natürlich auch wußte, daß in den USA kaum etwas so geschätzt und anerkannt wird wie geschäftlicher Erfolg. Und um ihre höchstpersönliche Anerkennung in der Öffentlichkeit ging es ihr noch immer.

Von dieser Zeit an begannen Yoko und John, die sich jetzt offensichtlich als amerikanische Familie verstanden, sich auch gegenseitig mit «Mother» und «Father» oder «Mummy» und «Daddy» anzureden. Sie verbrachten viel Zeit im Bett, manchmal mit Sean (der als Baby zwischen ihnen schlief), manchmal ohne ihn: es kam vor, daß Besucher ins Schlafzimmer gebeten wurden, wo sie in einem Korbsessel Platz nehmen und sich mit dem im Bett liegenden Pärchen unterhalten konnten. «Der Fernseher am Fußende des Betts lief die ganze Zeit», sagt Elliot Mintz, ein regelmäßiger Gast.

Und Drogen? «Soweit ich das beurteilen kann», sagte Mintz, «nahmen sie keine harten Drogen mehr. Haschisch, Thai sticks, Gras, ja – John liebte es, das Zeug zu rauchen, und es machte Spaß, mit ihm zu kiffen. In meiner Anwesenheit haben sie nie irgendwelche anderen Drogen genommen, und ich habe auch nie einen plötzlichen Stimmungswechsel feststellen können, wenn ich etwa von der Toilette zurückkam. Ich bin, was diese Dinge angeht, nicht gerade unbeleckt und hätte sicherlich bemerkt, wenn sie irgend etwas genommen hätten.»

Im Lennono-Büro im Erdgeschoß des Dakota-Hauses ließ Yoko sich von Wahrsagern, Astrologen und Numerologen bei ihren Finanzgeschäften beraten. Stets wurde der richtige – oder auch der falsche – Augenblick für ein Geschäft oder für die Unterzeichnung eines Vertrages oder auch für die Festlegung eines Flugtermins in eine bestimmte Richtung von Konfigurationen am Sternenhimmel und der Zustimmung (oder Ablehnung) durch einen von Yokos zahlreichen Beratern bestimmt. Lennon verließ sich in all diesen Dingen auf Yokos Urteil.

Oben in der Wohnung lebte er sein zurückgezogenes Leben und beschäftigte sich viel mit seinem Sohn Sean, der auf eine Weise umsorgt und umhegt wurde, die John Julian nicht hatte angedeihen lassen. Lennon lernte außerdem Brot zu backen und eher recht als schlecht zu kochen – Vollwertkost, selbstverständlich.

Das Gefühl der Lennons, endlich in Sicherheit zu sein und zu sich zu finden – nach all den Irrungen und Wirrungen der vergangenen fünf Jahre – wurde vielleicht ein weiteres Mal bestätigt, als man Johns Aufenthaltsgenehmigung am 27. Juli 1976 zu einer unbefristeten Erlaubnis erklärte und er seine Green Card erhielt – das offizielle Dokument (das in Wirklichkeit blau ist), das es Ausländern gestattet, sich in den Vereinigten Staaten niederzulassen. Am 7. Oktober 1975 hatte der Oberste Gerichtshof des Staates New York den Ausweisungsbefehl aufgehoben, weil, so der Richter, «die Gerichte einer willkürlichen Abschiebung aufgrund geheimer politischer Gründe keinen Vorschub leisten wollten». Bei der Sonderanhörung in New York im Juli 1976 wurde Lennon erklärt, er könne im Jahr 1981 die amerikanische Staatsbürgerschaft beantragen. Bei dieser Gelegenheit trug

Lennon einen dunklen Anzug und eine Krawatte, kurzgeschnittenes, nach hinten frisiertes Haar und eine Goldrandbrille mit runden Gläsern auf der berühmten Nase: ganz im Lennon-Stil von 1967 (vor *Sgt. Pepper*). Yoko, deren Gesicht inzwischen etwas runder geworden war, hatte ihr Haar im Nacken zusammengebunden und war einfach gekleidet.

«Ich habe ein Faible für dieses Land», erklärte John den Journalisten, nachdem die Anhörung vorüber war. «Vor zweitausend Jahren hätten wir alle in Rom leben wollen. Nicht irgendwo in der Pampa, sondern in Rom – und heute ist das hier unser Rom. Hier geht das Leben ab. Ich glaube, wir werden jetzt einfach nach Hause gehen, eine Tüte durchziehen und uns tief in die Augen blicken.»

Ansonsten hatten sich die Lennons, vor allem John, weitgehend aus der Öffentlichkeit zurückgezogen. Einmal tauchten sie wieder auf, und zwar als die offizielle Feier zur Amtseinführung von Jimmy Carter im Januar 1977 stattfand, an der sie teilnahmen. Wie um zu demonstrieren: «Wir haben auch gewonnen, Nixon hat verloren», selbst wenn vielleicht nur wenige das Symbolhafte an diesem Auftritt wahrgenommen haben mögen. Inzwischen wollte sich niemand mehr so dringend an Nixon und Watergate erinnern, außerdem war immer noch nicht ganz klar, inwieweit die zutiefst in Verruf geratene Nixon-Regierung etwas mit der Schikanierung Lennons zu tun gehabt hatte.

Die zweite Hälfte des Jahres verbrachte die Familie Lennon in Japan. Es war ein ausgiebiger, belebender Urlaub, bei dem ihnen zeitweilig ihr alter Freund Elliot Mintz Gesellschaft leistete.

Mintz hatte Lennon noch niemals so fit und so lebenslustig erlebt wie in Japan. Auf einem Foto aus dieser Zeit ist John mit Sean neben einem Swimmingpool zu sehen; es zeigt einen hübschen, pausbäckigen, langhaarigen kleinen Jungen mit einer Nuckelflasche in der Hand, dessen Gesicht Yokos asiatische Züge und Johns nordenglische Lausbübigkeit vereint, daneben John, so hager wie eine Bohnenstange, aber anscheinend clean. Das Rauchen hatte er nicht aufgegeben (ebensowenig wie Yoko), und er war süchtig nach Schokolade. In Japan jedoch, wo er, Yoko und Mintz in der Gegend um Karuizawa regelmäßig Radtouren unternahmen, gab es nicht Schokolade, sondern Sushi als Grundnahrungsmittel; John reduzierte seinen Konsum von Gitanes, und die drei radelten meilenweit – Sean in einem Kindersitz auf Johns Fahrrad –, um in einem Café, das sie in den Bergen entdeckt hatten, starken Kaffee zu trinken.

Die Reise nach Japan war unter anderem unternommen worden, um John Yokos Familie vorzustellen, auch hier ging es für Yoko Ono darum, Aussöhnung und Anerkennung zu erreichen. Außerdem war es Lennon zum erstenmal seit 1971 möglich, die Vereinigten Staaten zu verlassen, ohne befürchten zu müssen, daß er bei der Rückkehr abgewiesen würde. Vor allem atmete er auf, daß ihn in der Öffentlichkeit niemand erkannte, oder, falls doch, ihn niemand belästigte und Autogramme verlangte. Ein Gefühl von Freiheit, Unbehelligtsein und Friedlichkeit, das die Jahre im Hexenkessel der Rock-Musik, der Popularität und das Leben in New York ihm mehr oder weniger geraubt hatten.

Wenn Yoko und John oft auch durch die Straßen von Manhattan gehen konnten, ohne allzu große Aufmerksamkeit zu erregen, einmal völlig anonym und unbehelligt zu bleiben war unmöglich. «Sieh mal, das ist doch der Ex-Beatle und die japanische Künstlerin.» In New York bemühten sie sich, normal zu sein. In Japan brauchten sie sich nicht zu bemühen, irgendwer oder irgend etwas zu sein. Hier konnten sie sich mit Sean zusammen in ihrer eigenen Haut wohl fühlen. Sie konzentrierten sich auf sich selbst als Familie, anstatt sich der Welt in einer wie auch immer exzessiv kolorierten Rockstar-Wolke zu präsentieren.

Der Aufenthalt in Japan und konkret Yoko ermutigten John dazu, während der folgenden drei Jahre noch weitere

Reisen zu unternehmen, die er als Reisen zu sich selbst sah. Er fuhr allein nach Hongkong, nach Singapur und nach Kapstadt (wo die Musik der Beatles von 1966 bis 1971 von der South African Broadcasting Corporation boykottiert worden war und wo Lennons Kompositionen immer noch auf der «schwarzen Liste» standen). Er fuhr zum Segeln nach Bermuda, wo er Ideen für neue Songs sammelte. Überall konnte er sich unbehelligt und frei bewegen und nachdenken, genau wie in Japan.

«Und auf einmal wurde ich sehr, sehr ruhig. Es war wie ein Wiedererkennen. Mein Gott! Das war ich! Dieser entspannte Mensch bin ich. Diesen Typen hab ich früher mal gekannt! Dieses Gefühl kenne ich von ganz früher. Ich weiß, was zum Teufel ich tue! Ich weiß, wer ich bin – das hat nichts mit irgendeiner Agentur oder mit Schmeichelei oder Leistung zu tun, oder damit, ob ich einen Rekord breche oder nicht.»

Es war John Lennons Entscheidung gewesen, keine Musik mehr zu machen. Yoko Ono hatte nicht dagegen protestiert, und sie war froh, daß die Abhängigkeit von allen möglichen Drogen vorbei zu sein schien. Sie war glücklich über die Geburt von Sean und darüber, daß John über seine Beziehung zu seinem Sohn eine neue Rolle gefunden hatte. Manche nannten es ein Wunder. Aber dann, im Jahr 1980, fand die Zeit der Wunder nach einem nochmaligen Höhepunkt – *Double Fantasy* – ihr abruptes Ende.

Dezember 1980

«Our life is so precious together / We have grown – we have grown / Although our love is still special / Let's take a chance and fly away somewhere alone.»

Die ersten Zeilen von «(Just Like) Starting Over» waren nicht schlecht, wenn auch nicht umwerfend; ein bißchen rührselig, ein bißchen sentimental, aber einfach, ehrlich, eindeutig. Und ihrer beider Image hatte sich weit entfernt von dem, was Lennon am 8. Dezember 1980 in einem Interview über ihre ersten gemeinsamen Jahre gesagt hat:

«Ich konnte gar nicht verstehen, wieso die Leute sie steinigen wollten oder mich dafür bestrafen wollten, daß ich sie liebte.»

Eine knappe Aussage, aus den 192 Seiten Interviews entnommen, die John (und Yoko) Ende 1980 öffentlich gaben, die treffend ausdrückt, was Lennon immer wieder zum Problem im Umgang mit der Öffentlichkeit wurde: die Erwartungen an ihn als Beatle. Was John 1968 nicht verstanden hatte, war, daß niemand Yoko so sehen konnte, wie er sie sah: für Außenstehende war sie eine Fremde, sie wirkte äußerst eigenartig und befremdlich, und er war John Lennon von den Beatles. Daß er dieser Frau seine Liebe schenkte, während er noch dazu mit seiner ersten Frau verheiratet war, daß diese Frau die Beatles im Studio stören durfte, daß sie nie lächelte und ihn offensichtlich zu den schrillen Aktionen anstiftete, die da folgten – das war starker Tobak für viele. Wer international berühmt ist und bewundert wird, bezahlt dafür unter anderem damit, daß er von seinem Publikum mit Verhaltensanforderungen regelrecht kontrolliert wird. Aber konnte man in der Ära der Rebellion gegen das meiste Althergebrachte von einem siebenundzwanzigjährigen Verliebten erwarten, daß er sich den Erwartungen seines Publikums anpaßt? Das hätte sogar seinem Image des dickfelligen, großmäuligen Kerls aus Liverpool geradezu widersprochen.

Aus dem Interview, das Michael Parkinson Mitte 1971 mit John Lennon führte, geht hervor, wie dünnhäutig dieser bissige oder angeberische Kerl in manchen Momenten sein konnte: als Parkinson die unvermeidliche Frage danach stellt, warum John «vor allem» solche Sachen machte (eine Anspielung auf seine Auftritte mit Yoko in den sechziger Jahren), die seine Fans verstören, kontert John beleidigt, eine britische Zeitung hätte es fertiggebracht, die Frau, die er liebte, als «häßlich» zu bezeichnen. Niemand hatte das Recht, einen anderen häßlich zu nennen, befand John aufgebracht, wie konnten sie es wagen? *Sie*, John und Yoko, fühlten sich vor den Kopf gestoßen, persönlich angegriffen. John fehlte die professionelle Distanz im Umgang mit den Medien – damals –, was ihn ziemlich aufrieb, aber auch dafür sorgte, daß seine Fans dieses sehr persönliche Verhältnis zu ihm entwickelten. Weder er noch Yoko haben jemals verwunden, wie schäbig die britischen Medien um 1967/68 mit ihnen umgegangen sind. Wie auch immer ihre Schwächen ausgesehen haben mögen, das war eine bittere Pille. Wahrscheinlich wäre es ihnen in jedem anderen Land der Welt anders ergangen.

«(Just Like) Starting Over» war der Auftakt zum ersten Album, das Lennon/Ono nach fünf Jahren gemeinsam herausbrachten; *Double Fantasy* wurde Mitte November 1980 als Lennons Comeback veröffentlicht. Zusammen mit Yoko, die sieben Stücke zu dem vierzehn Songs umfassenden Album beitrug, stellte er die LP im August in Windeseile zusammen.

Von der Musik einmal abgesehen, ist *Double Fantasy* vor allem wegen des Covers unvergeßlich: es besteht aus einem aktuellen Foto von John und Yoko, die sich zärtlich küssen.

Bei John und Yokos letzter Gemeinschaftsproduktion, der LP *Double Fantasy*, die 1980 veröffentlicht wurde, ahnte niemand, daß John Lennon nicht mehr lange zu leben hatte. Das unangepaßte Paar präsentiert sich hier auf der Cover-Rückseite mit nüchternem Blick und einer gewissen «Wir haben es geschafft»-Haltung im Kontrast zur zärtlichen Nähe des Titelfotos.

Lennon hatte seine Rückkehr in die Pop-Arena absichtlich heruntergespielt, und er unterschrieb den Plattenvertrag erst, als er und Yoko sich sicher waren, daß ihr Gemeinschaftsprodukt seine endgültige Form gefunden hatte. David Geffen, der früher bei Warner Brothers gewesen war, erklärte sich im September bereit, die Platte zu produzieren und auf seinem eigenen kleinen unabhängigen Label herauszubringen. Die zugehörige Publicity war sorgfältig lanciert worden, um allzu großen Erwartungen an den wiederauferstandenen Lennon vorzubeugen: allein die Tatsache, daß Lennon «wieder da» war, bedeutete schon ein Medienereignis, noch bevor ein einziger Ton erklang.

Seine Rückkehr, jedenfalls als öffentliche Figur, kam jedoch nicht völlig unerwartet. Im Mai 1979, kurz nach ihrem zehnten Hochzeitstag, hatten John und Yoko in der *New York Times* und in der Londoner *Sunday Times* einen seltsamen und langatmigen offenen Brief veröffentlicht. Er trug die Überschrift: «Ein Liebesbrief von John und Yoko an alle, die uns nach dem Was, Wann und Warum fragen». Natürlich wurde zwischen 1975 und 1979/80 oft in den Medien nach diesen drei W gefragt. Das lange Schweigen der Lennons war eine allzu große Prüfung gewesen für die Klatschtanten, Reporter und Kritiker; erstere hatten angefangen, Gerüchte in die Welt zu setzen. John hätte sich zu einem Einsiedler à la Howard Hughes entwickelt, hieß es etwa, oder er sei verrückt geworden, «Mutter» geworden, gestorben, Yoko hätte sich der Zauberei und Hexerei verschrieben, würde nach und nach halb Manhattan aufkaufen, würde John zusammen mit Sean im Kinderzimmer gefangenhalten und so weiter. Der Brief, der solchen Gerüchten begegnen sollte, war ein etwas oberflächlicher, wenn auch aufrichtiger Bericht über das Leben im Dakota.

«Sean ist wunderbar. Die Pflanzen wachsen. Die Katzen schnurren. Die Stadt leuchtet bei Regen, Schnee und Sonnenschein. Wir leben in einem wundervollen Universum.

Wir sind jeden Tag aufs neue dankbar für die Vielfalt und Fülle unseres Lebens.»

Wenn man Albert Goldman Glauben schenken darf, nahmen sie damals beide Heroin, gingen fremd, stritten sich, belogen sich gegenseitig und schrien sich an, und ein halbes Jahr später freuten sie sich diebisch über Paul McCartneys peinliche Verhaftung im Januar 1980 in Tokyo wegen Besitzes von Marihuana (oder hatten dieses Event sogar eingefädelt). Wie wir wissen, hat Goldman sich aber fast ausschließlich auf dubiose Zeitzeugen verlassen. Auch wenn nicht auszuschließen ist, daß die heile Familienwelt der «offiziellen Verlautbarung» von seiten Ono-Lennon so heil nicht war. Es *gab* Rivalität zwischen John und Yoko, sie waren beide scharfzüngig und nicht selten dem anderen gegenüber verletzend. Was sie in *Double Fantasy* und auch ihrem «Liebesbrief» besangen, war ihre beneidenswerte Fähigkeit, sich wieder zu versöhnen. Sowohl der offene Brief als auch das Album sind vor allem versöhnlich im Ton und erinnern an den Augenblick, den das Foto von Dan Richter 1970 auf dem Cover von *Plastic Ono Band* illustriert: wir haben es geschafft, wir werden weitermachen. Die Fragen der Fans und Klatschtanten 1980 mit einer Musik zu beantworten, die auf ehrliche, unprätentiöse Weise autobiographisch wirkte, war eine kluge Entscheidung und entsprach gleichzeitig ihrer beider, inzwischen konnte man sagen, Angewohnheit, ihren Fans direkt oder scheinbar direkt zu berichten, was sie gerade taten.

Hatte John Lennon 1980 das Gefühl für den Zeitgeist verloren? Ich glaube nicht. Er war eine Pop-Ikone, aber nach den siebziger Jahren und nach seiner Zeit des Schweigens war es nicht mehr so eindeutig, für welche Werte die Ikone stand. Seit den Tagen der Beatles hatten Rock und Pop sich bis zur Unkenntlichkeit verändert und sich – mit wenigen nennenswerten Ausnahmen – entweder in Richtung Schnulzigkeit und Glätte oder zu dröhnenden Heavy-Metal-Gewittern oder zu pompös inszenierten, aber musikalisch dünnen

Technik-Shows entwickelt. Der Punk erwies sich, auch wenn einiges davon gar nicht schlecht war, als nicht dauerhaft. Bob Dylan und Pink Floyd, selbst Elton John und David Bowie hatten inzwischen ihre besten Songs längst aufgenommen. Led Zeppelin waren erst kurz zuvor, nach dem Tod ihres Drummers John Bonham im September 1980, völlig «abgestürzt». Police, die Talking Heads und Peter Gabriel (als Solist) waren Anfang der achtziger Jahre die *kommenden* Stars. Was Lennon von Madonna oder Michael Jackson gehalten hätte, läßt sich nur vermuten, aber wenn er ihre musikalischen Megashows in den späten achtziger Jahren miterlebt hätte, wäre er sicherlich einverstanden gewesen damit, als altmodisch zu gelten. Über die Chuzpe von Prince hätte er sich wahrscheinlich amüsiert.

Jedenfalls fuhr er 1980 ziemlich mutig mit *Double Fantasy* seinen eigenen Stiefel, eigentlich wie immer. Ebenso Yoko. Zusammen mit ihrer Fähigkeit, sich gegenseitig zu verzeihen, und abgesehen von ihren musikalischen Gemeinsamkeiten, dürfte dies ein Hauptgrund gewesen sein, warum die beiden sich voneinander angezogen fühlten.

Wie Mark Chapman, der John Lennon am Abend des 8. Dezember vor dem Dakota-Haus erschoß, letzten Endes dazu kam, das Objekt seiner enttäuschten Bewunderung zu töten, bleibt rätselhaft, trotz allem, was darüber herauszufinden war.

Sein Plan stand nicht sofort fest, aber es zeigte sich im Verlauf der Verhöre, daß Chapman ab etwa Mitte Oktober 1980 davon überzeugt war, John Lennon töten zu müssen. In Honolulu ging er in ein Waffengeschäft und kaufte sich einen fünfschüssigen Kurzlaufrevolver, einen Charter Arms Special, Kaliber .38. Am 29. Oktober flog er nach Newark und quartierte sich für eine Nacht im Waldorf Astoria in New York ein. Hier verbringt auch Holden Caulfield eine Nacht, die Hauptfigur aus J. D. Salingers Roman *Der Fänger im Roggen*. Chapman war von diesem Roman besessen. Auch

Caulfields Lieblingsbezeichnung für jeden, der ihm mißfiel, war «Heuchler» ...

Chapman verbrachte mehrere Tage in New York, zuerst im YMCA-Heim in der 47. Straße und später im Olcott-Hotel, in der Nähe des Dakota, bevor er nach Atlanta flog, um die Familie seines Vaters zu besuchen. Anfang November flog er zurück nach New York, wo er, wie er später gestand, um eine Entscheidung zwischen dem «Guten» und dem «Bösen» rang; Chapman war froh, daß diesmal das Gute die Oberhand gewonnen hatte und ihn davor bewahrte, eine schreckliche Tat zu begehen. Er rief seine Frau Gloria in Hawaii an, um ihr zu sagen, er komme zurück nach Hause.

Am 5. Dezember flog er abermals nach New York, nachdem er Gloria erklärt hatte, er müsse nachdenken. Er nahm sich ein Zimmer im YMCA in der 63. Straße zwischen Broadway und Central Park West. Am Sonntag, dem 7. Dezember, zog er ins Sheraton Center Hotel an der 52. Straße/Ecke Seventh Avenue um und buchte ein Zimmer für eine Woche.

Während seiner ersten Tage in New York schwankte Chapman in seinem Entschluß, das Dakota aufzusuchen. Am Sonntag schließlich begab er sich dorthin, kurz bevor er ins Sheraton umzog, wartete jedoch nicht auf John Lennon. Am Montag, dem 8. Dezember, stand sein Entschluß endgültig fest. Ausgerüstet mit dem Buch *Der Fänger im Roggen*, der LP *Double Fantasy* und seinem Revolver ging Mark Chapman gegen Mittag zum Dakota-Haus und stellte sich zusammen mit einigen Fans vor dem Eingang auf. Vor dem Dakota standen immer kleine Gruppen von Leuten, die hofften, Lennon zu Gesicht zu bekommen.

Chapman blieb den ganzen Tag lang dort. Drinnen, im fünften Stock, hatten John Lennon und Yoko Ono einen Fototermin mit Annie Leibovitz für ein Titelfoto des *Rolling Stone*. Zu den Bildern, die bei dieser Gelegenheit entstanden, gehört das legendäre Foto von Lennon, der sich nackt an die bekleidete Yoko kuschelt: die letzte Demonstration ihrer Vertrautheit.

Um fünf Uhr nachmittags verließ Lennon das Gebäude auf dem Weg ins Studio; er und Yoko arbeiteten gerade an einem Album, das auf *Double Fantasy* folgen sollte. Als Lennon auf den Gehweg trat, hielt Chapman ihm sein Album hin; Lennon schrieb darauf: «John Lennon 1980». Paul Goresh, ein zufällig anwesender Fotograf, der sich mit Chapman unterhalten hatte, machte einen Schnappschuß, auf dem Lennon sich über das Album beugt, während Chapman – mit Brille – einen Meter links von ihm steht und mit einem schwachen Lächeln dem signierenden Star zuschaut.

Nachdem Lennon gegangen war, äußerte Chapman sich stolz über seinen Triumph, Lennon gesehen und ein Autogramm ergattert zu haben: «Das glauben sie mir nie in Hawaii!» Goresh verzog sich gegen 20.30 Uhr. Chapman harrte weiter aus, doch der Wachmann, ein Kubaner, dachte sich nichts dabei; es war nichts Ungewöhnliches, daß Fans das Dakota Tag und Nacht belagerten.

Um 22.50 Uhr fuhr die Limousine der Lennons vor. Yoko stieg zuerst aus und ging an Chapman vorbei, der sie freundlich grüßte. Dann ging Lennon an ihm vorbei, starrte ihn an, sagte jedoch nichts. Als Lennon gerade durch die Eingangstür gehen wollte, rief Chapman ihm aus knapp zwei Metern Entfernung zu: «Mr. Lennon?» Der Angesprochene drehte sich um, und man wird nie erfahren, ob er noch Zeit genug hatte, die erhobene Waffe des Schützen zu bemerken. Chapman drückte fünfmal ab, er leerte das gesamte Magazin des Revolvers. Die ersten beiden Kugeln trafen Lennon in den Rücken und rissen ihn herum. Zwei weitere Kugeln trafen ihn an Hals und Schulter, die letzte verfehlte ihn.

Lennon taumelte die Stufen zum Dakota-Haus hinauf und brach in der Lobby zusammen. Er fiel mit dem Gesicht nach vorn zu Boden, die Kassetten und der Recorder, die er in der Hand gehalten hatte, schlugen krachend auf die Stein-

Am 8. Dezember 1980: Yoko Ono, entsetzt und außer sich, kurz nachdem John Lennon beim Nachhausekommen aus dem Studio von den tödlichen Schüssen aus Chapmans Revolver getroffen wurde.

fliesen. Jay Hastings, der Nachtportier, hörte Yoko schreien: «John ist angeschossen!» und war zunächst verwirrt, doch dann geistesgegenwärtig genug, den Alarmschalter unter dem Empfangspult zu betätigen, der die Beamten des 20. Reviers alarmierte. Hastings deckte Lennon mit einer Jacke zu. Yoko war vollkommen hysterisch und stand hilflos über ihm. Während ihm das Blut aus Brust und Mund lief, gurgelte Lennon: «Er hat auf mich geschossen.» Als die Polizei eintraf, hatte Chapman seine Waffe fallen gelassen und keinen Fluchtversuch unternommen. Der kubanische Türbewacher schrie ihn an, ob er wisse, was er getan hatte. «Ich habe gerade John Lennon erschossen», gab Chapman zur Antwort.

Lennon wurde in einem Polizeiwagen zum Roosevelt Hospital gebracht, und Yoko folgte in einem zweiten. Chapman, in Handschellen, wurde in einen dritten gestoßen. Lennon blieb lange genug bei Bewußtsein, um dem Beamten in dem Streifenwagen zu bestätigen, daß er wußte, wer er war; als er in der Notaufnahme des Krankenhauses eintraf, hatte er 80 Prozent seines Bluts verloren.

Eine halbe Stunde später, nachdem man alles versucht hatte, ihn wiederzubeleben, starb John Lennon. Es war noch nicht ganz Mitternacht. Er war genau vierzig Jahre und zwei Monate alt.

Siebzehn Jahre später

Der Mord an John Lennon beendete ein siebzehnjähriges Vertrauensverhältnis zwischen einem Phänomen namens Beatles und der Öffentlichkeit. Eine in der Geschichte des Showbiz einzigartige Partnerschaft zwischen Darstellern und Publikum war zerstört worden. In einer Art glücklicher Ehe – zwischen einer ganzen Generation und sieben Jahren epocheverändernder Musik – war Vergewaltigung begangen worden.

Dieses Ende hatte auch einen unfreiwillig komischen Aspekt. Im Oktober 1979 hatte Lennon 1000 Dollar zu einem Fonds beigetragen, aus dem die New Yorker Polizisten mit kugelsicheren Westen ausgestattet werden sollten …

Lennon erfreute sich guter Gesundheit, als er ermordet wurde. Er hatte sich zu einem Musiker entwickelt, dem es gelungen war, sich aus den moralischen und emotionalen Strudeln herauszuziehen, die sein Beruf wie Fallgruben bereithielt, und alles wirkte so, als habe er mit seinen verschiedenen Persönlichkeitsaspekten friedlich leben können – nach langen Jahren der Suche und Zerrissenheit und seines Clinchs mit der Öffentlichkeit. Wahrscheinlich spielte die Frau an seiner Seite eine nicht unwichtige Rolle bei diesem Prozeß, durchsetzungsfähig, wie sie war, und fähig, Ziele und Sinn für das Leben zusammen und als Individuen zu finden.

Das Traurigste an John Lennons Ermordung war vielleicht, daß er dadurch auch um etwas gebracht worden war, das ihm in seinem nicht immer leichten Leben viel bedeutet hatte: die Chance, Sean ein guter Vater zu sein.

Eins der größten Probleme nach dem 8. Dezember war die

persönliche Sicherheit für Sean. Die restliche Kindheit des Fünfjährigen verlief alles andere als normal, denn die Zeiten, in denen er das Haus verlassen und relativ frei und offen mit anderen Kindern spielen konnte, waren vorbei; von nun an wurde er von Leibwächtern zur Schule und wieder nach Hause begleitet. Yoko war klar, daß weder ihre noch die Sicherheit ihres Sohnes in einem Land, in dem sie mit Nachahmungstätern zu rechnen hatte, garantiert war. Chapman hatte ihr eine Kehrseite, die wahnsinnige Seite Amerikas offenbart: der Mord hatte ihr gezeigt, daß ihr umjubeltes Star-Leben selbst in der Zurückgezogenheit und relativen Anonymität durchaus *on thin ice* – auf dünnem Eis – stattfand.

Yoko gestand, daß sie Anfang 1981 wie gelähmt war. Wochenlang war sie nicht in der Lage, irgend etwas zu tun, und ernährte sich nur von Schokolade und Pilzen. Während alle Radiosender immer wieder den gefühlvollen Song «Woman» – der von ihr handelte – und «Beautiful Boy», der Sean besang –, zwei von Lennons zärtlichsten Stücken, spielten, kann man das Ausmaß ihres Schmerzes nur erahnen. Um ihren Kummer zu ersticken, nahm sie eine Zeitlang wieder Heroin, das sie als «das geringere Problem» bezeichnete und das sie anscheinend schnell wieder überwand.

Außerdem mußte sie sich um Johns Testament kümmern. Während sie die Hälfte seines Vermögens erbte, fiel die andere Hälfte an ungenannte Nutznießer. John wurde eingeäschert, und es gab keine Beerdigung, nur eine Totenwache: am Sonntag, dem 14. Dezember, versammelten sich 400000 Menschen im Central Park, um John die letzte Ehre zu erweisen. In dem Film *Imagine*, einem 1988 gedrehten Dokumentarfilm über Lennons Leben, gehören die Szenen mit den Trauernden im Central Park zu den bewegendsten.

Seit dem Attentat auf John F. Kennedy im Jahre 1963 war keine solche Presselawine mehr losgebrochen wie nach der Ermordung von John Lennon. So, wie sich viele heute noch genau an das erinnern, was sie gerade taten, als sie die Nachricht vom Tod Kennedys hörten, ergeht es vielen anderen mit Lennons Tod. Wie in einer seltsamen Parallele zu der Installation mit Leiter und «Yes» an der Decke in Yokos Ausstellung von 1966 in der Galerie Indica, befand ich mich am 9. Dezember 1980 auf einer Leiter und war dabei, in einer Wohnung in Chelsea die Decke zu streichen. Nie wieder hat eine Nachricht aus dem Radio eine solche Wirkung auf mich gehabt wie diese: ich glaubte, ein eiserner Ring würde um meinen Hals gelegt. Ich empfand eine Mischung aus völliger Ungläubigkeit und Bestürzung. Ich war zu gelähmt, um zu weinen. Damit war ich nicht der einzige.

Es war vorauszusehen, daß Yoko sich fortan noch besser überlegen würde, mit wem sie Umgang pflegte und wen sie ins Dakota-Haus ließ. Einer, dem sie sich im April 1981 öffnete, war Philip Norman, der damals in New York für seine Beatles-Biographie mit dem Titel *Shout!* warb; nachdem sie ihn im Fernsehen gesehen hatte, wo er bewegende Worte zu Lennon gesagt hatte, lud Yoko ihn zu sich ein. Im Nachwort zur 1982 erschienenen zweiten Ausgabe seines Buches berichtet er über seine Begegnung mit ihr.

Sein einfühlsames Porträt beschreibt eine kürzlich verwitwete Frau, die den Erinnerungen an ihren Mann nachgeht. Sie spricht von den glücklichen Monaten vor dem Mord, von Johns schlankem Körper, von seiner Schönheit (die er für sie besaß). Sie erinnert sich daran, wie die anderen Beatles anfänglich auf sie reagiert hatten, an Johns Eifersucht – die so weit ging, so berichtet sie, daß er während ihrer ersten gemeinsamen Zeit von ihr verlangte, sie bis auf die Toilette zu begleiten –; sie erzählt von seiner Unsicherheit und seinen «unglaublichen Minderwertigkeitskomplexen». Sie deutet an, wie sehr John sich von Paul McCartney verletzt gefühlt hatte (nach der Trennung der Beatles), erwähnt aber auch, daß er ihr gegenüber einmal gesagt hatte, es habe zwei wichtige Partnerschaften in seinem Leben gegeben: eine mit Paul und eine mit Yoko.

Yoko Ono im Januar 1986 mit den beiden Söhnen Johns: Sean (links) und Julian (aus erster Ehe mit Cynthia Powell). Der damals zweiundzwanzigjährige Julian baute sich eine kurze eigene musikalische Karriere auf; Sean, der damals zehn Jahre alt war, produziert heute zusammen mit seiner Mutter Musik.

Als die weltweiten Verkaufszahlen von *Double Fantasy* sich der Sieben-Millionen-Grenze näherten, wandte Yoko sich wieder der Musik zu, an der sie mit John kurz vor dessen Tod gearbeitet hatte: «Walking on Thin Ice» kam zunächst als Single auf den Markt und hatte mehr Erfolg als ihre früheren Platten. Kurz darauf folgte ein Album mit dem Titel *Season of Glass*, mit einem Foto von Lennons zerbrochener, blutverschmierter Brille auf dem Cover. 1984 kam als Folgealbum von *Double Fantasy* die LP *Milk and Honey* heraus, mit zwölf Songs, an denen die Lennons im Dezember 1980 gearbeitet hatten, die jedoch, zumindest was Johns Anteil anging, unvollendet geblieben waren. Bis 1995, als «Free as a Bird» – von den «Beatles» – herauskam, war das die letzte musikalische Veröffentlichung, auf der John Lennons Stimme zu hören war.

Yoko hat ihr Leben über die Jahre immer mehr vereinfacht. Sie hat alle Wohnungen verkauft, die ihr im Dakota gehörten, sowie die Farmen und die Häuser auf Long Island und in Florida. Von einem Großteil des Gewinns hat sie eine Stiftung gegründet, die Spirit Foundation, die Wohltätigkeitsorganisationen und Waisenhäuser unterstützt. Heute bewohnt sie ein einfaches Landhaus im Norden des Staates New York. Eines ihrer beziehungsreichsten Geschenke an die Stadt New York bestand darin, daß sie die Neugestaltung eines kleinen, dreieckigen Teils des Central Park finanzierte, eine Stelle, an der sie oft mit John spazierengegangen war und die nun seinem Gedenken gewidmet ist; am 21. März 1984 wurde sie von Bürgermeister Ed Koch eingeweiht und heißt jetzt Strawberry Fields.

Die Liste von Yoko Onos künstlerischen Aktivitäten seit 1981 ist lang und beinhaltet die Namen vieler Orte, an denen ihre Werke ausgestellt wurden – New York, Berlin (dreimal), Venedig (zweimal), Paris (zweimal), Tokyo, allerdings nie wieder, seit 1967, London. 1996 brachte sie im reifen Alter von dreiundsechzig ein neues Album, *Rising*, heraus und ging auf eine kurze Tournee mit einem Musical namens *New York Story*, das sie zusammen mit Sean, der inzwischen selbst Musiker ist, geschrieben hatte. Während ich dies formuliere, bereitet sie sich auf die Biennale vor, wo sie zuletzt 1993 ausgestellt hat.

Ungeachtet ihrer künstlerischen Produktivität ist sie immer noch vor allem als die Witwe von John Lennon bekannt. In einer besser geordneten Welt würde sie dieses Etikett eher herunterspielen und ihre Bedeutung als Künstlerin in den Vordergrund stellen; andererseits hat es ihr nicht geschadet, Mrs. Lennon zu sein. Sie verwaltet den größten Teil von Johns Urheberrechten sowie das von ihm geerbte Vermögen.

In allen Fragen ihrer eigenen Karriere und des Erbes von John Lennon wird sie heute von einem Mann namens Sam Havadtoy unterstützt. Der ungarischstämmige frühere New Yorker Galerist war in den späten siebziger Jahren häufig für die Lennons als Innenarchitekt tätig. Als sie ihre Wohnung im Dakota-Gebäude renovierten, kam Havadtoy auf die Idee, aus zwei Kirchenbänken ein Bett für die beiden zu bauen. Er beriet sie in allen Details ihrer Wohnungseinrichtung und wurde ein guter Freund. Nach Johns Tod gehörte er zu den sehr wenigen Vertrauten, die Yoko eine wirkliche Stütze waren.

Anfang 1981 ist Havadtoy zu Yoko gezogen und lebt bis heute mit ihr zusammen. Das Beste, was man über ihn hört, ist, daß seine Gegenwart ein Segen für Sean ist. Einem Gerücht zufolge sollen Havadtoy und Yoko kurz nach seinem Einzug ins Dakota in Budapest geheiratet haben, aber das ist und bleibt ein Gerücht.

Paul, George, Ringo – und Yoko

Im April 1997 war ich in einer Galerie in Amsterdam, kurz nach dem achtundzwanzigsten Jahrestag des Bed-in im Amsterdamer Hilton. In der Immaculate Conceptions Gallery fand gerade eine neue Ausstellung unter dem Titel «The Ballad of John and Yoko» statt, eine eindrucksvolle Retrospektive von Lennons Zeichnungen seit den späten siebziger Jahren. Viele Grafiken sind als Drucke zu kaufen. Die meisten sind wehmütige Erinnerungen an den kleinen Sean, manche wurden von Yoko nachträglich koloriert.

In derselben Ausstellung waren auch die erotischen Lithographien mit dem Titel *Bag One* zu sehen, die die Polizei 1970 aus der London Arts Gallery entfernt hatte: große, ausdrucksstarke Bilder von Lennon und Yoko beim Koitus, von Yoko beim Masturbieren und von den beiden bei der Ausübung von Fellatio, darunter ein anatomisch eindeutiges Porträt einer auf dem Rücken hingestreckten Yoko, das sich durchaus an den erotischen Zeichnungen eines Gustav Klimt messen darf. Ich konnte mir gut vorstellen, warum die Bilder in den späten sechziger Jahren von den britischen Tugendwächtern als obszön empfunden wurden – und zwar von Leuten, die weder von Gustav Klimt noch von Augustus John oder Pablo Picasso jemals etwas gehört hatten.

Natürlich kann man Lennon nicht mit diesen Künstlern vergleichen. Er war ein Karikaturist. Aber als ich diese witzigen, zärtlichen, autobiographischen Zeichnungen dreißig Jahre nach ihrer Entstehung betrachtete, wurde mir noch einmal klar, was die Empörung, die Lennon und Yoko damals auslösten, eigentlich gewesen war: eine Art reaktionärer

Eifer, der Leute wie den Junkie-Jäger Sergeant Pilcher hervorbrachte, ebenso wie den Rassismus und die Phantasie eines Bankdirektors.

Im England der sechziger und siebziger Jahre war man nicht in der Lage, die Begeisterung für die Beatles mit dadaistischer und sexuell eindeutiger Kunst in Einklang zu bringen (wie Michael Parkinson mit seinen bigotten Fragen mehr als deutlich machte, als er John und Yoko kurz vor ihrer endgültigen Abreise aus England für das Fernsehen interviewte). Ironischerweise verglich Lennons Verteidiger dessen Lithographien in dem Verfahren um die *Bag-One*-Serie mit Werken von Picasso, und Lennon gewann den Prozeß. Doch die allgemeine Intoleranz, die Lennon und Ono als künstlerischem *Team* zwischen 1969 und 1971 entgegenschlug, hat viel dazu beigetragen, Yoko Johns Heimat für immer zu verleiden.

Yoko Onos Beziehung zu den anderen drei Beatles war bis zu John Lennons Tod und noch danach weiterhin belastet. Als John starb, war Ringo der einzige, der sofort zu ihr kam, um ihr beizustehen. George hatte in den siebziger Jahren mit John schwierige Zeiten durchlebt, und Paul hatte von Anfang an seine Probleme mit Yoko. Daß sie John dabei beriet, wie er die Beatles auflösen konnte, kann kaum dazu beigetragen haben, das Vertrauen der anderen drei zu gewinnen.

In den letzten Jahren jedoch sind die alten Wunden verheilt und die Kriegsbeile begraben worden. Paul ruft Yoko regelmäßig an, und, obwohl sie sonst nichts miteinander zu tun haben, ist die angstbesetzte Entfremdung, die seit der Trennung der Beatles bis weit in die achtziger Jahre hinein existiert hatte, inzwischen dahingeschmolzen. Als Yoko Paul Anfang der neunziger Jahre endlich das Band aushändigte, auf dem John auf dem Klavier klimpert und etwas von einem Vogel singt, war die Versöhnung perfekt. «Die ganze Welt ist deprimiert», sagte Yoko, als die Single «Free as a Bird» 1995 erschien. «Aber es ist schön, gute Musik zu hören, auch

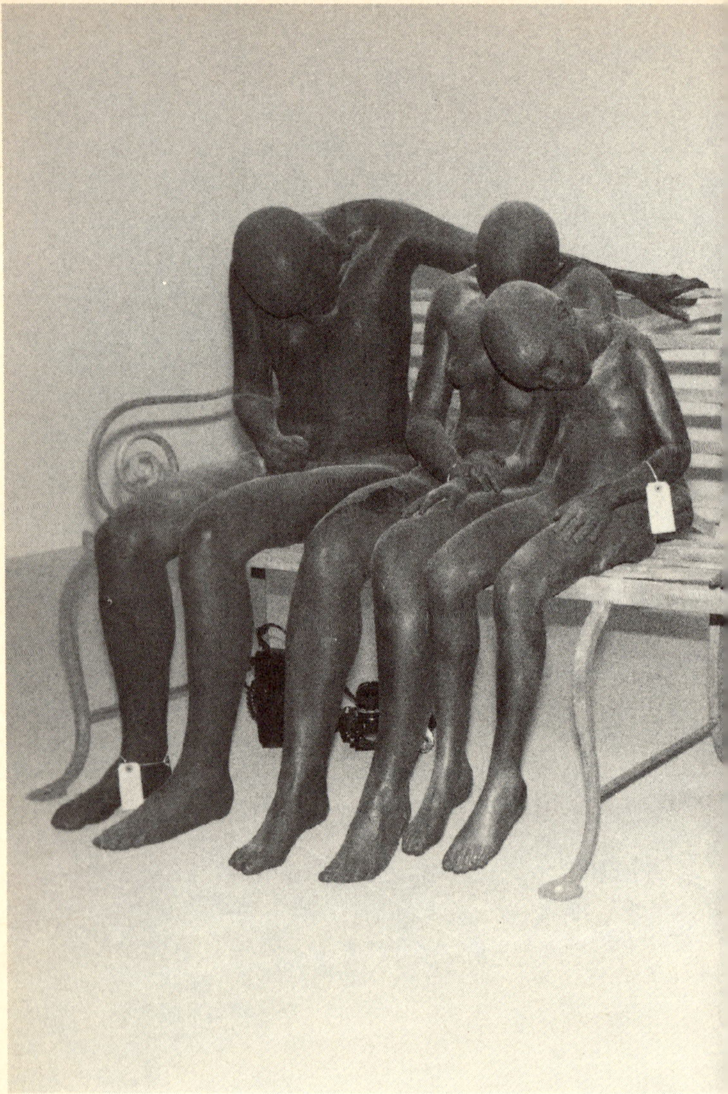

Mit ihrem unverkennbaren «Markenzeichen» als Witwe, den übergroßen dunklen Brillengläsern, ist Yoko Ono hier ein Teil ihrer Skulptur «Bedrohte Art». Aufnahme von 1992.

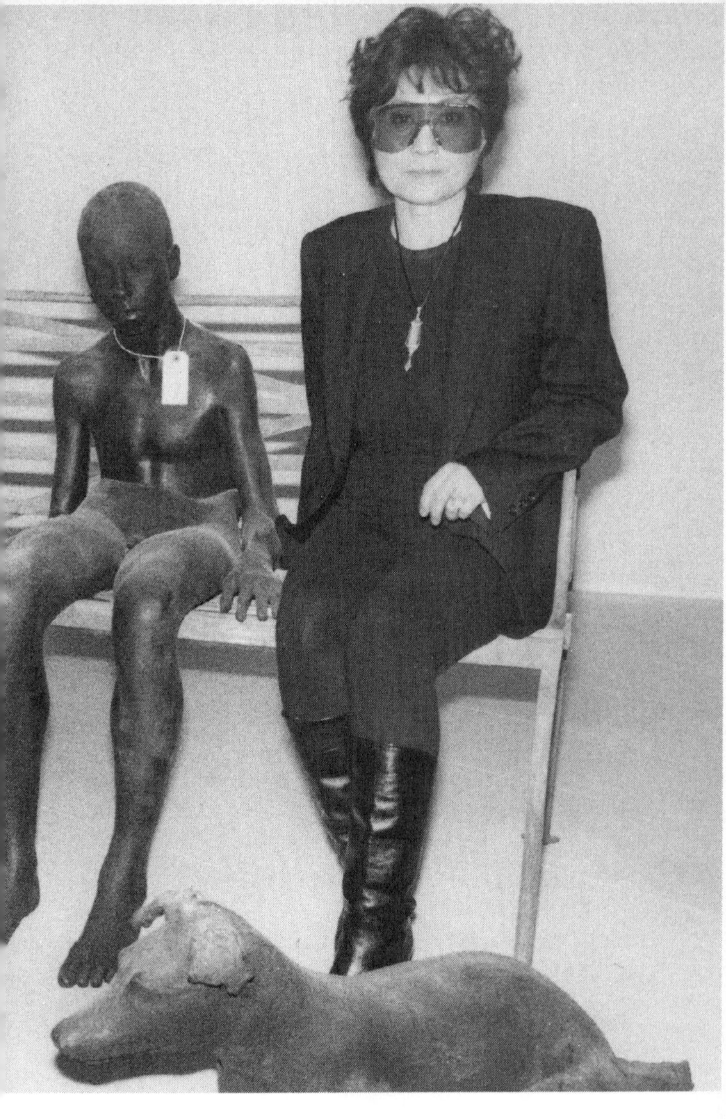

wenn sie nur drei Minuten dauert.» Das war eine bescheidene Einschätzung dessen, was «Free as a Bird» tatsächlich für Millionen bedeutete: die Chance, ihre Jugend noch einmal zu erleben, selbst nur für einen flüchtigen Augenblick, und diese Art von beschwingtem Glücksgefühl, wie nur die Beatles es vermittelten, noch einmal zu spüren.

Es könnte wieder geschehen. Yoko Ono hält 25 Prozent von Apple, der Firma, die immer noch in London existiert und alles regelt, was mit den Beatles zu tun hat. Sie wird geführt von Neil Aspinall, dem ehemaligen Roadmanager der Beatles. Es war die gemeinsame Entscheidung von Aspinall, Yoko und den anderen drei Beatles, 1995 «Free as a Bird» – produziert von George Martin – herauszubringen sowie die drei Doppel-CDs *Anthology 1–3* und eine monumentale, mehrteilige Fernsehdokumentation, die Ende 1995 in England ausgestrahlt wurde und inzwischen überall auf der Welt zu sehen ist. Seit ihrer Trennung haben die Beatles (falls es legitim ist, diesen Namen noch zu benutzen) nie soviel Geld eingenommen wie 1995/96. Für die Zukunft plant Apple unter anderem ein ausführliches, autorisiertes Buch über die Beatles, das umfassender sein wird als jede bisher erschienene Beatles-Biographie.

Im Dakota-Haus gibt es indes immer noch Tonbänder mit zehn weiteren bisher nicht veröffentlichten Songs von John Lennon in unbearbeiteter Fassung. Niemand, außer Yoko, hat sie bisher gehört. Auch wenn manche meinen, wir brauchen nicht noch mehr Beatles-Songs, lassen wir das Erbe stehen, wie es ist … Die Möglichkeit, noch einmal etwas Neues von den Beatles zu hören, besteht, und wenn sie wollen, dann brauchen Yoko, Paul, George und Ringo sich nur mit Johns Kassette zusammenzusetzen und zu sagen: «Versuchen wir's noch mal.»

Anmerkungen zu den Quellen

The Beatles: The Authorized Biography (dt. Ausgabe: *Die Geschichte der Beatles,* München 1977), Hunter Davies, London 1968, Neuausgabe 1985
Dies war die erste Beatles-Biographie. Sie war von den Beatles selbst autorisiert und von Lennons Tante Mimi und Epsteins Mutter Queenie gründlich redigiert worden. Die Neuausgabe enthält eine langatmige und ziemlich prahlerische Einleitung über die Entstehung des Buches sowie ein Nachwort, in dem die einzelnen Karrieren der Beatles seit ihrer Trennung und natürlich der Mord an John kurz geschildert werden.

John Lennon In His Own Words, Barry Miles und Pearce Marchbank (Hg.), London 1981 (dt. Ausgabe: *John Lennon, wie er sich selber sah,* Bergisch Gladbach 1981)
Dieses illustrierte Büchlein mit Zitaten von Lennon aus den ersten Zeiten der Beatles bis 1980 ist eine nützliche Quelle, wenn man wissen will, was er wirklich und nicht angeblich gesagt hat.

Shout! The True Story of The Beatles, Philip Norman, London 1981 (dt. Ausgabe: *Shout! Die wahre Geschichte der Beatles,* München 1982)
Wahrscheinlich immer noch die beste und mit Sicherheit die erste bahnbrechende Beatles-Biographie, auch wenn Paul McCartneys Rolle leider etwas verzerrt dargestellt wird und der Ton ein bißchen zu selbstgefällig ist («Es ist die Geschichte von John Lennon und seiner Begleitband namens

Beatles», war Miles' – McCartneys offizieller Biograph – Kommentar zu dem Buch). Aber niemand hat es so gut wie Norman verstanden, die Atmosphäre des Staunens und der Hysterie einzufangen, die die Beatles umgab, sowie den in späteren Jahren entstandenen Klatsch um die Geschäfte und die Finanzen der Beatles zu beschreiben.

The Lennon Tapes: John Lennon und Yoko Ono in Conversation with Andy Peebles, London 1981 (dt. Ausgabe: *Lennon über Lennon. Leben in Amerika*, Reinbek 1981)
Als Quelle bemerkenswert, weil das Buch Wort für Wort das letzte Interview wiedergibt, das Lennon zusammen mit seiner Frau vor seinem Tod gegeben hat (am 6. Dezember 1980). Der Makel des kleinen Buchs besteht darin, daß Peebles sich erstens nur schwach an das Jahrzehnt erinnert, das dem Interview vorausgeht, und daß er unablässig versucht, sich mit seinen Fragen bei seinen Interviewpartnern einzuschmeicheln. Heutzutage ein seltenes Sammlerstück.

The Love You Make: An Insider's Story of the Beatles, Peter Brown und Steven Gaines, New York 1983
Peter Brown war von Anfang an ein Vertrauter der Beatles. Er wurde Direktor von Brian Epsteins Northern England Music and Electric Industries (NEMS) und später Manager bei Apple. Ebenso wie alle anderen aus dem engeren Umkreis der Beatles (unter anderem Roadmanager Neil Aspinall und Faktotum Mal Evans) fühlte er sich in den Jahren nach der Trennung der Beatles an ein Schweigegelübde gebunden. 1979 jedoch ließ er sich von dem Journalisten Steven Gaines dazu überreden, seine Erinnerungen zu Papier zu bringen, und das Resultat war ein wesentlich objektiveres und unbequemeres Porträt der Fab Four als das von Norman. Das Buch ist zwar schlecht geschrieben, aber nützlich, wenn man sich für die Fakten interessiert.

John Winston Lennon. Volume 1: 1940–1966; John Ono Lennon. Volume 2: 1967–1980, Ray Coleman, London 1984 (Ausgabe in einem Band: London 1985; dt. Ausgabe: *John W. Lennon. Eine Biographie,* München 1985)
Wäre sie nicht so trocken geschrieben und so sehr bemüht, gnädig mit John Lennon zu sein, wäre dies vielleicht die empfehlenswerteste Lennon-Biographie auf dem Markt. Aber Coleman ist tatsächlich viel zu nachsichtig mit Lennon, und sein Stil ist viel zu offiziell, um glaubwürdig zu sein. Coleman hat jedoch mit Unterstützung des Beatles-Experten Mark Lewisohn eine detaillierte Chronologie von Lennons Leben zusammengestellt, die vielleicht die besten dreißig Seiten des Buches ausmacht.

The Lennon Companion: Twenty-Five Years of Comment, Elizabeth Thomson und David Gutman (Hg.), London 1987
Eine umfangreiche Sammlung von Artikeln, Kritiken, Erinnerungen und Interviews rund um die Beatles und John Lennon, die bis 1963 zurückreichen; dieses Buch enthält außerdem das lange, ursprünglich in der radikal linken Zeitschrift *Red Mole* veröffentlichte Interview, das Robin Blackburn und Tariq Ali Anfang 1971 mit Lennon und Yoko geführt haben.

The Lives of John Lennon, Albert Goldman, New York 1988 (dt. Ausgabe: *John Lennon. Ein Leben,* Reinbek 1989)
Wahrscheinlich das wichtigste Buch über John Lennon seit seinem Tod, und mit Sicherheit das gefährlichste. Goldman hat akribisch und erschöpfend recherchiert und sein Buch in einem flotten, ansprechenden Stil geschrieben. Er hat sich dem Mythos Lennon – dem Mythos der Beatles überhaupt – mit derselben destruktiven Energie gewidmet, die er schon bei seiner Biographie von Elvis Presley an den Tag gelegt hatte, und viele häßliche Fakten über das Leben und den Charakter von Lennon ans Tageslicht gezerrt, die andere, respektvollere Biographen (z. B. Coleman) übergangen oder

ignoriert hatten. Goldmans Buch ist eine wichtige Quelle für Informationen über Yoko Onos Kindheit und Jugend. Aber der Autor scheint von einer seltsamen Bosheit getrieben zu sein gegenüber den Superstars, über die er schreibt, was den Schluß nahelegt, daß die Probleme teilweise bei Goldman selbst zu suchen sind. Sein Porträt von Lennon ist so negativ und seine Entschlossenheit, ihn zu dämonisieren, so überwältigend, daß er letztlich noch weniger vertrauenswürdig wirkt als Coleman.

Yesterday: The Beatles Remembered, Alistair Taylor und Martin Roberts, London 1988
Ein von einem Ghostwriter geschriebener Text in Form von Briefen eines Epstein-Mitarbeiters aus den Anfangszeiten der Beatles, der später in der Verwaltung von Apple landete, an einen fiktiven Fan.

Days in the Life: Voices from the English Underground 1961–1971, Jonathon Green, London 1988
Eine hervorragende Studie der «ungeschriebenen» Geschichte der sechziger Jahre in England, aus erster Hand erzählt von jenen, die an der von Sex, Drogen, Rock 'n' Roll, Happenings, Dichterlesungen, Ausstellungseröffnungen und so weiter geprägten Stimmung der Ära mitgemischt haben. Zu den Interviewten gehören Rosie Boycott, John Dunbar, John Hopkins, Michael Horowitz, Christopher Logue, Paul McCartney, Barry Miles, Richard Neville, John Peel, Derek Taylor, Michelene Wandor, Robert Wyatt und viele andere.

Imagine: John Lennon, Andrew Solt und Sam Egan, New York 1988 (dt. Ausgabe München 1989)
Ein Fotoband, der Lennons Leben von seiner Kinderzeit in Liverpool bis zu seinen letzten Tagen mit Yoko im Dakota zelebriert, basierend auf dem Film *Imagine* von 1988.

Days in the Life: John Lennon Remembered, Philip Norman, London 1990
Geschrieben anläßlich von Lennons zehntem Todestag und mit einer Einleitung von Norman selbst (die kaum weniger eigennützig als Davies' Einleitung von 1985 ist), gleicht dieses Buch ansonsten in etwa dem vorherigen.

Revolution in the Head: The Beatles' Records and the Sixties, Ian MacDonald, London 1994
Bei weitem das beste (und bestgeschriebene) Buch über die Beatles. Song für Song, in der Reihenfolge ihrer Aufnahme, widmet es sich der Musik der Beatles, ohne jemals wichtige Ereignisse der sechziger Jahre oder biographische Details aus den Augen zu verlieren, die für ein Verständnis (der Erfahrungen) sowohl jedes Beatles als auch der Band als Ganzes unerläßlich sind.

The Beatles, Allan Kozinn, London 1995
Kozinn ist trockener, musiktheoretischer als MacDonald und auch konventioneller in seiner Erzählung der Geschichte der Beatles. Nichtsdestotrotz weiß er, wovon er spricht. Er ist der erste Biograph, dem es gelingt, eine ausgewogene Darstellung der ungewöhnlichen Lebensläufe der Beatles mit einem angemessenen Verständnis ihrer Musik zu verbinden. Von einzelnen faktischen Ungenauigkeiten abgesehen, läßt Kozinn die Beatles als Komponisten doch in viel ruhigeren Gewässern kreuzen als Norman, Goldman et al.

Bildnachweis

AP Photo, Frankfurt/Main, S. 155

dpa, Frankfurt/Main, S. 192

Keystone Pressedienst, Hamburg, S. 28, 51, 60/61, 103, 144

Ullstein Bilderdienst, Berlin, S. 22, 72, 125, 138, 175 (Camera Press); 89 (dpa); 203, 208/209 (Inter Topics GmbH); 69, 178/179 (Keystone); 13 (Astrid Kirchherr); 25 (Marion Schweitzer-Hecht); 15, 184, 198 (UPI)

Lebensläufe

Linde Salber
Tausendundeine Frau *Die Geschichte der Anaïs Nin*
(rororo 13921)
«Mit leiser Ironie, einem lebhaften Temperament und großem analytischen Feingefühl.» *FAZ*

Virginia Harrard
Sieben Jahre Fülle *Leben mit Chagall*
(rororo 12364)

Kenneth S. Lynn
Hemingway *Eine Biographie*
(rororo 13032)

Michael Jürgs
Der Fall Romy Schneider *Eine Biographie*
(rororo 13132)
»*Der Fall Romy Schneider* ist ein freundschaftliches Buch, aufrichtiger und interessanter als die meisten Biographien, die bei uns über Schauspieler geschrieben werden.» *Süddeutsche Zeitung*

Erika Mann
Mein Vater, der Zauberer
Herausgegeben von Irmela von der Lühe und Uwe Naumann
(rororo 22282)
Die Geschichte dieser außergewöhnlichen Vater-Tocher-Beziehung wird in diesem Band nachgezeichnet. Mit zahlreichen Essays, Interviews und Briefen.

Andrea Thain
Katharine Hepburn *Eine Biographie*
(rororo 13322)

rororo Biographien

Charlotte Chandler
Ich, Fellini *Mit einem Vorwort von Billy Wilder*
(rororo 13774)
«Ich habe nur ein Leben, und das habe ich dir erzählt. Dies ist mein Testament, denn mehr habe ich nicht zu sagen.» *F. Fellini zu C. Chandler*

Andrea Thain / Michael O. Huebner
Elisabeth Taylor
Hollywoods letzte Diva. Eine Biographie
(rororo 13512)
«Vor mehr als vierzig Jahren lehrte mich MGM, wie man ein Star ist. Und ich weiß bis heute nicht, wie ich etwas andere hätte sein können.» *Elisabeth Taylor*

Ein Gesamtverzeichnis aller lieferbaren Titel der *Rowohlt Verlage, Rowohlt Berlin, Wunderlich* und *Wunderlich Taschenbuch* finden Sie in der *Rowohlt Revue*. Vierteljährlich neu. Kostenlos in Ihrer Buchhandlung.

Rowohlt im Internet:
http://www.rowohlt.de

3285/6

Lebensgeschichten

In loser Folge erscheint eine Reihe ganz besonderer Biographien bei rororo: Lebensgeschichten aus dem Alltag, in denen sich das Zeitgeschehen auf eindrucksvolle Weise widerspiegelt.

Helen Colijn
Paradise Road *Eine Geschichte vom Überleben*
(rororo 22146)

Friedrich Dönhoff / Jasper Barenberg
Ich war bestimmt kein Held *Die Lebensgeschichte von Tönnies Hellmann, Hafenarbeiter in Hamburg Mit einer Einleitung von Marion Gräfin Dönhoff*
(rororo 22245)
Seit Jahren korrespondieren Gräfin Dönhoff und Tönnies Hellmann miteinander. Denn so kraß der Klassenunterschied zwischen ihnen, so verbindend ist die Erfahrung des Widerstands gegen den Nationalsozialismus. Hellmann war Kommunist, Mitglied der Bästlein-Gruppe, wurde von der Gestapo verfolgt, war als Kriegsgefangener in Sibirien.

Anne Dorn
Geschichten aus tausendundzwei Jahren *Erinnerungen*
(rororo 13963)

Jean Egen
Die Linden von Lautenbach *Eine deutsch-französische Lebensgeschichte*
(rororo 15767)

Melissa Green
Glasherz *Eine Kindheit*
(rororo 22362)

rororo Biographien

Eva Jantzen / Merith Niehuss (Hg.)
Das Klassenbuch *Geschichte einer Frauengeneration*
(rororo 13967)
Fünfzehn Frauen aus Erfurt führten seit ihrem Abitur im Jahre 1932 ein Tagebuch, in das reihum jede von ihnen Erlebnisse und Gedanken über ihr Leben schrieb. Dieses «Klassenbuch» führt aus zeitgenössischer Perspektive durch die Kriegs- und die Nachkriegszeit des geteilten Deutschlands bis ins Jahr 1976 und schildert die sehr privaten, aber gleichzeitig auch typischen Frauenschicksale.

Tracy Thompson
Die Bestie *Überwindung einer Depression*
(rororo 22396)

Ein Gesamtverzeichnis aller bereits lieferbaren Titel dieser Reihe finden Sie in der *Rowohlt Revue*. Vierteljährlich neu. Kostenlos in Ihrer Buchhandlung.

Rowohlt im Internet:
http://www.rowohlt.de

3655/1

3287/5